セーレン・キルケゴール

ギレライエ。著者撮影

コペンハーゲン。著者撮影

てってい的にキルケゴール

その二

私が私であることの深淵に

中島義道

ぷねうま舎

装画＝川名　京
装丁＝矢部竜二《BowWow》

第四章　イロニーの精神と反抗――〔C　この病（絶望）の諸形態〕

〔B　意識という規定のもとに見られた絶望〕

◆目次

第四章　イロニーの精神と反抗――〔C　この病（絶望）の諸形態〕

〔B　意識という規定のもとに見られた絶望〕

一　絶望の階梯

1　意識の度と絶望の度

本章は「B　意識という規定のもとに見られた絶望」（八一頁）から始まります。

意識の度が上昇すると、あるいは、意識が上昇するに比例して、絶望の強度も絶えず上昇する、意識が増せば増すほど、それだけ絶望の度も強くなるのである。このことはあらゆる場合に見られるが、ことに最高度の絶望と最低度の絶望の場合にもっとも明瞭に見られる。（八一頁）

文字通りの意味であり、キルケゴールはここで「絶望」を意識の度という観点から分析している。ただし、意識の度といっても心理学的意識の度ではなく、「自己」すなわち「自己のなかの永遠なもの」

を意識している度という意味です。これを意識すればするほど絶望の度も増すということで、子供や異教徒はまったく絶望せず、敬虔なクリスチャンであればあるほど絶望の度が高くなると言えば、さしあたりはわかるでしょう。

悪魔の絶望は最強度の絶望である、というのは、悪魔はまったく精神だけのものであり、そのかぎりにおいて、絶対的な意識であり、透明そのものだからである。悪魔のうちには、酌量軽減の口実になりうるような曖昧さがなく、したがって、悪魔の絶望は絶対的な反抗である。これが絶望の最高度である。（八一頁）

さて、ここで突如「悪魔」が出てきて驚くかもしれない。しかし、訳注〔桝田注（82）〕にあるように、「悪魔（Teufel）」と「精神（Geist）」は近い言葉であり、英語の"spirit"もそうでしょう。ルターは悪魔を信じていて、ルターが蟄居《ちっきょ》していたヴュルテンベルクの城の壁には、ルターが悪魔に向かって投げつけたインク壺のインクの跡があるということを聞いたことがあります。また、ゲーテの『ファウスト』にも、ドストエフスキーの『カラマーゾフの兄弟』にも悪魔は出てきて、ごく最近まで悪魔はそれほど異様な存在ではなかったのです。

そして、悪魔は純粋の精神性なのであって、悪の塊であり、カントでさえ、悪を純粋にそれ自体として意志することを「悪魔的（teuflich）」と呼んでいて、われわれ人間はこうした意志をもちえないとしています。ここでキルケゴールが言っている「悪魔」の「絶対的な意識」とは、これに近いものでしょう。

「酌量軽減」より「情状酌量」のほうが一般的ですが、被告人に対して、裁判官が何らかの事実――その後、反省の気持ちが強い、など――を考慮して減刑することですが、悪魔は悪を純粋に意志し、まっすぐにそれを実行するのですから、情状酌量の余地はないわけです。

そして、キルケゴールは、こうした「悪魔の絶望」を神に対する反抗としての絶望の最高段階とみなしている。

このあたりで、キルケゴールの絶望論の構造を展望しておくと、意識の強度と絶望の強度は比例しますが、だからといって、より強い絶望のほうがより弱い絶望より正しいわけではなく、高級なわけでもない。単純に真の信仰に、すなわち神に近いわけでもなく、むしろもっとも不信仰であり、まさに「悪魔的」なのですから、もっとも神に遠いと言っていい。しかし、この不信仰がもっとも真の信仰に近い、この神からの果てしない遠さがすなわち神にもっとも近い、というのがキルケゴールの弁証法なのです。

ヘーゲルのように矛盾を介し、徐々に高まっていくというのではなく、真逆なものが真逆であるからこそ、真に一致する。言いかえれば、一見信仰にもっとも近い模範的態度が、信仰にもっとも遠いのであり、次にありますが、無垢な人がもっとも信仰に遠い人だということとなります。これは、単なる逆説ではなく、放蕩息子の帰還や、ストレイシープ（群れから迷い出た一匹の羊）、戒律を守るパリサイ人への非難など、イエスの寓話には、数々登場してくる論理です。

この論理と親鸞の「悪人正機説」との異同などを論じることもありますが、話が広がり雑駁になるので、いまはやめておきましょう。ま、限りなく異なると思いますが……。

絶望の最低度は、人情としてこう言いたくなるのは当然であるが、一種の無邪気さで、それが絶望であることを知ってさえもいないような状態である。それだから、無意識性が最高度である場合には、絶望の度はもっとも低いのであって、そのような状態を絶望と呼ぶのが正しいかどうかさえが、問題となるほどである。（八一頁）

「無邪気さ」のドイツ語は"Unschuld"であって、文字通りの意味は「負い目なさ」つまり借金がないことです。無邪気な人っていますね、子どものように天真爛漫で、明るくて、誰に対しても分け隔てなく親切で、自然に善良なことをなし……というような人は、人間が「死にいたる病」であって、「絶望であることを知ってさえもいないような状態」であって、「絶望の度はもっとも低い」。

キルケゴールの言いたいことを先取して言ってしまうと、こういう無邪気な人は、主観的には「絶望の度はもっとも低い」のですが、だからこそ客観的には「絶望の度はもっとも高い」となります。すなわち「もっとも低い」のですが、「もっとも絶望的」なのです。次のaでキルケゴールはこういうどうしようもない人を詳細に分析しています。この「B　意識という規定のもとに見られた絶望」の箇所は、優れた小説のように読みごたえがあり、この書〔『死にいたる病』〕の一つの柱である「心理学的論述」に関するキルケゴールの能力（人間観察力、描写力、文章構成力）がいかんなく発揮されていて、この書の中でもとびきりおもしろいところです。

なお、訳文に見える「……さえが」という言い回しは間違い。「……さえ」だけでいいのです。

2　真理の独善

a　自分が絶望であることを知らないでいる場合。あるいは、自分が自己というものを、永遠な自己というものを、もっているということについての絶望的な無知

それにもかかわらず、この状態が絶望であり、また絶望と名づけられるのが正当であるということは、いい意味で真理の独善と呼ばれていい事柄の、一つの表われである。真理ハソレ自身ト虚偽トノ指標デアル。しかし、この真理の独善は、もちろん、人々に注意されていない、(八二頁)

きわめて長いタイトルですが、キルケゴールは各節のタイトルを、本文の一部と見なしているようなところがあります――「それにもかかわらず」という本文の出だしはタイトルを受けている。さて、後ろの注にもありますが、このラテン語の引用文と、とくに「真理の独善」という言葉の意味が分かりましょうか？　対話のための課題はこれにしましょう。「真理の独善」とは何か、この書の文意に沿って正確に説明してください。

対話1

見落としてはならないのは、「真理の独善」の苛酷な面です。キルケゴールの付した「いい意味において」に騙されてはなりません。その「独善」は一般的にも言えますが、とくに「(キリ

スト教の）真理」を甘く考えてはならない。その「残酷さ」をけっして見逃してはなりません。

ここではついでにキルケゴールの思想（哲学？）を総括的に少し長めに解説することにしましょう。問うているのは「真理の独善（Rechthaberei）」の意味だけであって、すべてはこの一見逆接的な言葉の組み合わせにどれだけ迫れるかにかかっている。二段階で考えていきます。

まず、大前提として、「（客観的）真理」は、個々人の心情とは独立に一方的に迫ってくる（命じてくる）ということ。ドストエフスキーの『地下生活者の日記』に「2×2＝4が何だ！」と叫ぶ男が登場しますが、まさにそのとおり、彼がどんなに悩んでいても、どんなに困っていても、「2×2＝4」はお構いなしに（独善的に）この計算の正しさを彼に押しつけるのです。

「独善」とは、誰にも相談せずに、たった「ひとり」だけで、という意味でもありましょう。私は七六歳ですが、この「真理」も、私がイヤだなあと思っても「独善的」に私に命じ、一歩も譲ることがない。重力も、母親が「あっ、子供が崖から落ちる！」と叫んでも、お構いなしに子供を落とす。ほんとうに「独善的」です。よって、「一般に人々は、真実なものとの関係を、すなわち自分が真実なものと関係をもっているよいうことを、けっして最高の善であるとは見なさない」（八二頁）のです。

以上が第一段階。

第二段階目は、キリスト教特有のさらなる残酷さです。キルケゴール――のみならず、すべてのクリスチャン――は、「真理＝神の意志」は、いかに過酷なものであろうと、人間の心情から独立なものだと考えている。すなわち、「神の意志」は、基本的にまったくわからない。だから、彼らは飢饉や災害や疫病や事故が次々に押し寄せてくるとき、常に神に向かって「なぜだ？　なぜだ？」と問いながら、答えの得られないまま、最終的にはすべてを受け容れるのです。

キルケゴールが『おそれとおののき』で取り扱っている「アブラハムとイサク」の話がまさにその典型でしょう。『（旧約）聖書』「創世記」によると、ある日の朝、アブラハムに「（百歳のとき（！）やっと授かった）ひとり息子のイサクをモリヤの山で生け贄にせよ」という神の声が聞こえる。信心深いアブラハムはそれに黙々と従う。そして、まさにアブラハムがイサクの喉元に刀を突きつけたとき、「待て、おまえの信仰心はわかった」という神の声が聞こえ、イサクは助かり、二人はまたも黙々と家路につく……という話なのですが、キルケゴールは「そうではないだろう！」と叫ぶのです。

キルケゴールは、近代人らしく（？）アブラハムの内心の葛藤をさまざまに書き分ける。「その後、アブラハムははたして幸せだったたであろうか？」と問い、「イサクにとって、その後、父親を見る目が変わったであろう」と問い、彼は自分の父親との関係を重ね合わせて、抉るように問い続ける。

なお、これは、この試練を耐えたアブラハムは、その後まさに信仰者の鑑として神からも民衆からも称えられた、という麗しいお話であって、教会では牧師の語るアブラハム物語に信心深い善男善女はみな涙を流して感動する。しかし、キルケゴールがそういう信徒に向かってぶつけるのは、「あなたは、そうしますか？」という問いです。そうするなら、人間として極悪人――人でなし――であり、そうしないなら、信仰を、神を、すなわちすべてを失うことになる。まさに、「あれかこれか」であって、しかもあれもこれも選択できない。

これほどまでに「真理は独善」なのです。なお、キルケゴールがわざわざ「いい意味で真理の独善」と限定しても、この「いい意味で」は神の視点からであって、人間の視点からではない。神の命じることとは、人間の目にどんなに残酷に思われても、「いい意味」のはず。イサクを殺すことさえ、「いい意味」になってしまうのです。

ちなみに、その後ちょっと触れられているソクラテスも、まさに「真理の独善」のために死刑になったのではないでしょうか？　また、カントの「定言命法」は、それこそ殺されても偽証するなと命じる。人々はそれに直観的に反撥して偽証するか、不快を覚えつつ従うのです。

さて、長くなりましたが、ここで、キルケゴールがとりわけ注目するのは——このあとに長々と書いてあるように——、自分が幸福だ——絶望していない——と確信している人の絶望であって、その人がいかに幸福を確信しようとも、いや確信すればするほど、「真理」は「おまえはじつは絶望しているのだ！」と告げる。ほんとうに「真理」は何と残酷で、何と「独善的」であることか！

こういう人に向かって、他人が「あなたは、ほんとうは絶望しているのですよ」と告げると、彼（女）からひどく反感を買う。なぜか？　じつは彼（女）は実存の深いところで「真理」を、すなわちその残酷さを知っているからこそ、アブラハムとは異なり、神の声を聞かないようにしているからです。

「絶望」に関する残酷さを書いている、この書の最初のほうを思い出してください。

このようにして、絶望することができるということは、無限の長所である。けれども、絶望しているということは、最大の不幸であり悲惨であるにとどまらない、それどころか、それ

は破滅なのである。　（三一頁）

神は人間を「絶望することができる」ように創った。なぜなら人間に「精神」を吹き込んだからです。しかし、「(現に)絶望している」ことは各人の責任(原罪)というわけです。しかし、生きることは現に絶望することを背負い込むことであり、しかも自殺も禁じられている。まさに、サルトルの言うように「出口なし」であり、これが人間的実存なのです。

キルケゴールは、家も仕事も捨てて、その場でイエスについていった弟子たちの態度こそ、真の信仰だとみなす。しかし、じつのところイエスは「おたずねもの」であって、その弟子とわかると殺されかねなかった。だから、彼らは「正しい」のです――キルケゴールは、これを「戦闘の教会」と呼ぶ。

その後、長いことクリスチャンは世界各地で――わが国でも――迫害に遭い、「真理の独善」のために殉教しました。しかし、現代ではクリスチャンであることほど安全なことはない。ただ教会に通い、牧師が教える通りにしていれば、尊敬され、永遠の命さえ得られるのですから、これほど簡単でトクなことはない――キルケゴールはこれを「勝利の教会」と呼ぶ。よって、ここには真の信仰はないのです。

こうして、「勝利の教会」に堅く守られて、アブラハムの物語に感動しながら、「じつはあなたは絶望している」という神の声を断じて聴こうとしない欺瞞的態度に塗れている者こそ、現代のルター派の敬虔なクリスチャンなのです。キルケゴールがもっとも厳しい眼で見ていた敵と言っていいでしょう。

あとは簡単ですので一挙に引用します。

それというのも、一般に人々は、真実なものとの関係を、すなわち自分が真実なものと関係をもっているということを、けっして最高の善であるとは見なさないし、また誤謬《ごびゅう》のうちにあることを、ソクラテスのように、最大の不幸であるともけっして見なしていないからである。つまり、一般の人々にあっては、たいていの場合、感情的なもののほうが彼らの知性よりもはるかに優位を占めているのである。それだから、たとえば、真理の光に照らしてみれば実は不幸であるはずなのに、誤って幸福だと思い、幸福なつもりでいるような人なら、たいていの場合、こういう誤謬から引き離されることを望むなどということは、とうていありえないのである。それどころか逆に、そういう人は腹を立て、そういうことをする者を、いちばんうらめしい敵と見なし、そういう仕打ちを不意打ちと見なし、人の幸福を殺すということが言われるような意味で、一種の殺人に近いものと見なすのである。（八二頁）

ここからえんえんと次々頁（八四頁）の二行目まで続く箇所は、人間が真実より幸福（感性的なもの）を求めるということを言っているだけで、真実（ないし知性）が住む地上階と幸福が住む地下室という家の比喩も含めて、読めばわかると思いますので、引用するだけで解説するのは控えます。

では、どうしてそういうことになるのであろうか？　それは、感性的なものおよび感性的＝心霊的なのもが彼をすっかり支配しているところからくるのである。彼が、快および不快という感性的なものの範疇のうちに生きており、精神とか真理とかいったものを少しも気にしないことからくるのである。あまりに感性的にすぎて、あえて精神たろうとしたり、精神であることに堪えたりするだけの勇気をもたないところからくるのである。どれほど虚栄心とうぬぼれの強い人間でも、たいていは、自分自身についてはほんのわずかな観念しかもっていないものである。すなわち、彼らは、精神であるということについて、人間が絶望的なものでありうるということについて、なんらの観念をも持っていない。しかし、それでいて、彼らは虚栄心とうぬぼれが強いのである──お互いに仲よく。いまかりに、地下室と一階と二階とから成る一軒の家があって、それが、各階層の住人たちのあいだの身分の相異に応じるようなふうに住まわれ設備されているとする──そして、人間であるということを、そういう家になぞらえてみる、すると、たいていの人間が、自分自身の家でありながら好んで地下室に住みたがるという、実に悲しくもまた笑うべき事実が見いだされるのである。人間は誰でも、精神たるべき素質をもって創られた心身の綜合である、これが人間という家の構造なのである。しかるに、とかく人間は地下室に住むことを、すなわち、感性の規定のうちに住むことを、好むのである。それも、単に好んで地下室に住みたがるというだけではない、それどころか、誰かが彼に向かって、二階が空いていて自由にお使いになれるのですから、二階へお引っ越しになってはどうです、だってご自分の家にお住まいなんですから、などと言い出したりしようものなら、腹を立ててしまうほど、人間は地下室に住むのが好きなのである。

（八二三─八四頁）

キルケゴールは父の遺した大邸宅に住んでいたので、地上も二階まであるうえに、さらに地下室まである「自分の家」に住んでいたのでしょうが、「二階まであるのに地下室に住んでいる」という譬えは、あまり現実的ではないですよね。なお、ここに出てくる「地下室」とは、ドストエフスキーの『地下生活者の手記』の主人公が住む暗く陰気な場所ではなく、むしろ真逆で、「快不快という感性の限定のうちに住むこと」であることに注意しなければなりません。

3　犬小屋に住むヘーゲル

ほんとうに、誤謬のなかにいるということは、まったく非ソクラテス的なことにも、人々がいちばん恐れない事柄なのである。この事実を驚くべき程度において明らかにしている驚嘆すべき実例がある。或る思想家が巨大な殿堂を、体系を、全人世と世界史やその他のものを包括する体系を築き上げている――ところが、その思想家の個人的な生活を見てみると、驚くべきことに、彼は自分自身ではこの巨大な、高い丸天井のついた御殿に住まないで、かたわらの物置き小屋か犬小屋か、あるいは、せいぜい門番小屋に住んでいるという、実に恐るべくもまた笑うべきことが発見されるのである。（八四頁）

この文章は、この書のなかでもとくに有名であって、哲学（研究）者なら誰でも知っているもの。キルケゴールの才気と茶目っ気がほとばしっています。「或る思想家」とはヘーゲルであって、『精神現象学』や『大論理学』や『エンチュクロペディー』などの広大な部屋部屋からなる大殿堂を建てながら、自分は傍らの「犬小屋」に住んでいる、というのです。

説明の要もないと思いますが、一方で、壮大な概念体系を築きながら、かけがえのない自分自身の実存に対する思索はほぼゼロであって、そこはまことにみすぼらしい犬小屋にすぎないということ。こういう文章を書きながら、キルケゴールは悦に入ったことでしょう。何度も読み返してクックッと笑っていたという感じです。


たった一言でもこの矛盾に気づかせるようなことを言おうものなら、彼は感情を害することであろう。なぜかというに、体系さえちゃんと出来上がりさえすれば――それは誤謬のなかにいるおかげでできるわけなのだ――、彼は誤謬のなかにいることなど恐れはしないからである。

（八四頁）


こうして、注目すべきことですが、自分が幸福であることを確信し、自分のなかの絶望を見ようとしない「一般の人々」（八二頁）と、ヘーゲルとが重なっている。両者ともに「あなたのなかの絶望に目を向けたらどうですか」とささやくと、「腹を立て」（八一頁）、「感情を害する」（八四頁）のです。なぜか？　キルケゴールの敵は、デンマーク国教会に集う善男善女であるとともに、ヘーゲル学派一色に染まったデンマーク国教会であるからです。

この書の後ろの「解説」に、刊行にいたる詳細な説明がありますが、その大筋だけを語ると、本来キルケゴールは牧師になってデンマーク国教会を改革したかった。しかし、この書はヘーゲルに対する批判攻撃と揶揄嘲笑で溢れていますので、刊行したらもう牧師の職は永遠に諦めざるえないことも知っていた。紆余曲折の末、この書は刊行され、キルケゴールはまさにヘーゲルおよびヘーゲル学派に対抗する実存主義の祖になったのです。

したがって、絶望している者が、自分の状態が絶望であることを自分では知らないでいようとも、事態に少しも変りはない、それでもやはり彼は絶望しているのである。もし絶望が迷いであるとすれば、自分の絶望について無知であるということは、絶望であると同時に誤謬のうちにあるということを、さらに付け加えるだけのことである。

（八四頁）

これも「真理の独善」を言いかえたものと言っていいでしょう。「真理」は、当人の心理状態には関係なく――アブラハムに命ずるように――、みずからの判定が真であると決定するのです。このあとが、わかりにくい。ドイツ語を見るかぎり、ちょっとした誤訳であって、次のように変えたほうが正確だし、わかりやすいと思うのですが。

もし絶望が迷いであるとすれば、自分の絶望について無知であるということは、絶望であると同時に誤謬のうちにあるということを、さらに付け加えるだけのことである。

としても、多くの人にはまだよくわからないのでは？　「絶望」は「迷い（Verirrung）」ではないのですが、ある人が絶望を「迷い」であると考えるとすると、彼は無知であり、かつ誤謬である、ということでしょうか。

絶望と無知の関係は不安と無知の関係と同じである（ウィルギリウス・ハウフニエンシス著『不安の概念』を参照）。無精神性の不安は無精神的に安心している姿においてこそ、それと認められるのである。しかし、それにもかかわらず、その根柢には不安があり、同じようにまた、その根柢には絶望があるのであって、錯覚の魔力が尽きるとき、人世がゆるぎはじめるとき、そのとき、根柢にあった絶望がたちどころに姿を表わすのである。

（八四―八五頁）

「ウィルギリウス・ハウフニエンシス」とはもちろん自分のことであり、キルケゴールは著作のたびごとに名前を変える。その理由についても、後ろの訳注〔桝田注（4）〕および「解説」にあります。

出だしの「絶望と無知の関係は不安と無知の関係と同じである」は、ずっと読んでいくとわかるのですが、文字通りの比例関係ではなく、むしろ「絶望の度合いにおいて、絶望と無知の関係は不安と無知の関係と同じである」という意味。

ですから、自覚している不安と無知の不安との関係は、その絶望の度合いにおいて、自覚している絶望と無知の絶望との関係と同じであって、すなわち後者のほうが数段絶望の度が高いのです。このあたりの端折り方は、深いのではなく、ただキルケゴールの数学的能力（明晰さ）の欠如でしょう。

それにしても、たぶん『不安の概念』を読んでいない読者にとって「なるほど」とわからないのは、「無知の不安」とは何かがわからないからでしょう。「絶望」の場合は、「絶望を意識していない（主観的）状態は（客観的には）絶望的だ」とは言えますが、これとは違って、「不安」は「絶望」よりさらに心理学的色彩の強い概念ですから、「不安を意識していない（主観的）状態は（客観的には）

もっと不安だ」と言っても意味がわからない。

ここでキルケゴールが「不安」をもち出す必要はないと思うのですが、少しヒントを出しますと、キルケゴールが『不安の概念』で論じているのは、神から「あの木の実だけは食べてはならない！」と命じられた後のアダムの不安。アダムは、一方では「食べるのはよそう」と心に決めながら、他方、「自分は必ず食べるであろう」と予感する。アダムは、このとき——とくに後者により——、「意識的に」不安に陥るのですが、同時に「意識していない不安」にも陥る。これが「不安」なのですから、「絶望」とは違います。

4　絶望していることを知らない絶望

この後、キルケゴールはえんえんと「絶望していることを知らない絶望」を分析しますが、その情熱からして、このタイプの絶望およびその当事者こそキルケゴールがもっとも関心をもつ、すなわちもっとも手ごわい敵であることがわかります。

自分が絶望していることを知らないでいる絶望者は、それを意識している絶望者に比べると、真理と救済から、否定ひとつ分だけよけいに隔たっているにすぎない。絶望それ自身はひとつの否定性であり、絶望についての無知はまたひとつの新しい否定性である。ところが、真理に到達するためには、あらゆる否定性が通り抜けられなければならない、なぜかというに、ここでは、伝説で魔法を解くことについて物語られていることが当てはまるからである、すなわち、楽曲がうしろのほうから逆にすっかり演奏し終えられなければならない、そうでなければ、魔法は解けな

いのである。（八五頁）

ここからは、長々と執拗に「自分が絶望していることを知らないでいる絶望者」が描写されます。まず、ここでの「否定」の使い方は、「否定の否定はより高い段階の肯定である」というヘーゲルの弁証法を批判している。否定に新たな否定が加わると、もっと否定だというのですから。

このお話を出してくるキルケゴールの意図がすらっとはわからないかもしれない。キルケゴールがつい、「はしゃいで」語っているところですが、「自分が絶望していることを知らないでいる絶望者」とこの「伝説」との関係を説明すること、これを次の対話の課題にしましょうか。キルケゴールの諧謔を理解することも、キルケゴールが期待している読者であることは明らかですから。

対話2

このうち、とくに難しいのは、最後の三行の解釈です。うしろの「訳注〔桝田注（86）〕」によると、「この楽曲を聞くものは、老いも若きもすべて（中略）踊り出さずにいられない。そして演奏者は、そのメロディーをうしろのほうから逆にすっかり演奏し終わることができたときはじめて、演奏をやめることができる」となっている。

注意すべきは「演奏者」と「聞くもの」が分かれているということであり、もちろん「聞くもの」は「絶望に無知な者」です。では、「演奏者」とは誰か、と問うと、二重になっていて、まずαは、「演奏を始めた人」、そしてβは、メロディーをうしろのほうから逆にすっかり演奏し終わることができ（る人）」。βがキルケゴールであることは明瞭ですが、αは誰か？ ヘーゲル学派一色に染まったデンマーク国教会の聖職者たちでしょう。いま大量の「絶望に無知な者」が発生しているのは、自然現象ではない。デンマーク国教会が彼らを産み出すような楽曲を「演奏」し続けているのだから、ぜひともその「魔法」を解かなければならない……というのが大筋です。

αの演奏家たちは、①（真に）絶望していない状態（否定性ゼロ）↓②絶望を自覚している状態（否定性1）↓③絶望に無知な状態（否定性2）という段階で、ますます「真理と救済から」（八五頁）遠ざかる楽曲を演奏し続ける。すると、この楽曲を聞く「老いも若きも」、最悪の「絶望に無知な状態」にありながら、みな「踊り」をやめることはできないのです。

ですから、この有害な演奏をやめさせるには、「真理に到達するには、あらゆる否定性が通り抜けられねばならない」（九五頁）のであり、そして「聞くもの」はいままさに③の状態にあるのですから、キルケゴールはまず②を潰し、次に①を潰さねばならない。αの演奏者が①↓②↓③と演奏しているのを、βの演奏者であるキルケゴールは③↓②↓①と演奏するというわけです。

ただし、詮索すれば、ただ楽曲のパート①と②と③の順序を逆にして演奏しただけでは「潰せない」のであって、「うしろのほうから逆にすっかり演奏し終わる」とは、①と②と③の順序を逆にしたうえで、各パートの中もそれぞれの音の順序を真逆に演奏し終わらねばならない、ということでしょう。

いいでしょうか、正統的ルター派は、どんなに絶望的な状況にあっても「絶望してはならない、希望をもて！」と教えるのですよ。これに対して、キルケゴールは「人生はどんな状態でも絶望的なのであり、そうでないと思い込んでいるのは無知だからだ」と教える。まさに「うしろのほうから逆にすっかり演奏」しているのではないでしょうか。

さらに考えてみると、とはいえ「逆にすっかり」――それぞれの音の順序を真逆に――演奏するのは、大変難しい。国教会の「楽曲」が絶大な力でみなを「魔法」にかけているので、それを「解く」には、それぞれの音の順序を真逆に演奏し終えねばならないほど難しいのです。

5　無知な絶望の無精神性

この箇所で多くの読者はつまずくのではないでしょうか。

けれども、自分の絶望に無知なもののほうが、それを知りながら、あくまでも絶望のうちにとどまるものよりも、真理と救済からはるかに遠く隔たっていると言えるのは、ただある意味においてのみである。というのは、別の意味では、すなわち倫理的＝弁証法的には、意識して絶望のなかにとどまっている絶望者のほうが、彼の絶望のほうがいっそう強いのであるから、救済からいっそう遠く隔たっているわけだからである。　（八五頁）

この文章は、二つの部分に分かれていて、「ただある意味において、純粋に弁証法的な意味においてのみである」までが前半、そのあとが後半です。前半はこれまで言ってきたことの繰り返しですが、普通のルター派の解釈の否定ですから、「純粋に弁証法的な意味においてのみ」なのです。

ですから、ここまでは問題ない。しかし、後半ではまったく新しい論法が展開されている。早速ですが、この箇所（後半だけ）を対話のための課題にしましょう。しかし、ほとんど説明がないので、読者の想像力をためすテストと言っていい。

「純粋に弁証法的な意味」では、これまで通り、「絶望に無知な者」はもっとも救済から隔たっていたのですが、「倫理的＝弁証法的には」さらに逆転する。「意識して絶望のなかにとどまっている絶望者のほうが……救済からいっそう遠く隔たっている」。なぜこうなるのか？　「倫理的＝弁証法的」という言葉だけを頼りに、ぐいぐい考えてみてください。

対話3

ポイントは、「純粋に弁証法的な意味」と「倫理的＝弁証法的（な意味）」との対比です。これをきちんと解くには、逆に「倫理的」という概念との対比で「純粋」の意味が正確にわかっていることが必要です。

キルケゴールにおいて「倫理的」は「美学的」と「宗教的」に挟まれた中間段階です――このことは対話2で言いました。ドン・ファンのように感情（欲望）に生きるのではなく、社会的存在者としてまともに生きること、しかし、神の視線を意識して生きる宗教的段階とは異なり、あくまでも社会的（人間的）善悪に敏感に、自己反省的に生きること。

アブラハムがイサクを殺せという神の命令を受けたとき、「美学的段階」であれば、自分の欲望に反する命令ですから、幻聴くらいに考えて相手にしないでしょう。「宗教的段階」であれば、どんなに不合理でも自分の欲望を押し殺してそれに黙々と従うでしょう。

しかし、「倫理的段階」であるとき、父として手ずから息子を殺さねばならない、という悪の極致を命じられたことに悶え苦しむことでしょう。そして、正統のルター派は、『(旧約)聖書』「創世記」に書いてあるとおり、この試練にもめげずにイサクを生け贄に献げるために黙々とモリアの山に向かったアブラハムの偉業を称えるのですが、キルケゴールは「そんなはずがない!」と叫ぶ。彼の『おそれとおののき』は、アブラハムの人間としての心の動揺を幾重にも語り出しています。

アブラハムは人倫と信仰との板ばさみにあって、まさに「意識して絶望のなかにとどまっている絶望者」であって、彼はしかも後者を選ばねばならないことを知っているからこそ、烈しく苦しむはず、絶望するはずなのです。そして、こうした苦しみ(絶望)自体、まさにキリスト教の正統的教義からすれば、「彼の絶望のほうが〔信仰より〕いっそう強いのであるから、救済からいっそう遠く隔たっている」わけです。

さて、キルケゴールはここで正統派の解釈を反転させる。たしかに、「彼の絶望のほうが〔信仰より〕いっそう強いのであるから、アブラハムは『倫理的=弁証法的には』『救済からいっそう遠く隔たっている』のですが、「純粋に弁証法的意味においては」、だからこそ救済にいっそう近いのです。

つまり、解読の鍵は、正統派(ヘーゲル学派)のように倫理的↓宗教的を、低次の倫理的段階を脱して(否定して)高次の宗教的段階にいたる弁証法と考えるか、キルケゴールのように、倫理的段階において完全に絶望することが、すなわち高次の段階にいたる弁証法と考えるかの違いを見定めることでしょう。

前に出した例をまた出しますと、――教会で教えるように――セムシなど気にしてはならない、それは単なる肉体的外形であるゆえ、肉体にではなく精神にもっと眼を向けよ、とセムシを否定して信仰にいたるのではなく、セムシに真に絶望することが、すなわち真の信仰にいたることなのです。

こうちらりと「倫理的＝弁証法的」観点を語ったあと、キルケゴールはまた「絶望に無知な者」のどうしようもなさを話題にする。

> しかし、無知は、絶望を取り去ったり、絶望を絶望でないものに変えたりするものではけっしてなく、むしろ逆に、無知は絶望のもっとも危険な形態たりうるのである。無知であるために、絶望者は、これこそ彼みずからの破滅なのではあるが、絶望に気づくことがないように或る仕方で守られている、すなわち、彼は絶望の掌中に身を托してまったく安心をえているのである。
> （八五―八六頁）

少し語順を変えると、「〔絶望に無知な〕絶望者は、……絶望に気づくことがないように或る仕方で守られている、すなわち、彼は絶望の掌中に身を托してまったく安心をえている」のであり、「これこそ彼みずからの破滅」なのです。ということを逆に言えば、「絶望のなかにいて（ということは、客観的に見てであって、彼自身気がついていないのですが)」、安心でないなら、得体の知れない不安を感じているのなら、彼はまだ救われるということでしょう。

自分が絶望していることを知らないでいるとき、人間は自分を精神として意識している状態からもっとも遠く隔たっている。ところが、自分を精神として意識していないということこそ、まさに絶望なのであり、無精神性なのであって、この状態はまったくの無気力状態、単なる無為の生活であることもあろうし、あるいは活気横溢の生活であることもあるであろうが、いずれにしても、その秘密は、結局、絶望なのである。(八六頁)

この書の本文は、「精神とは自己である」(二七頁)という文章から始まっていますが、その要は、自己とは「自己のなかの無限なもの」との関係である、ということです。それを知れば、キルケゴールによると、絶望するはずですから、それを「知らないでいるとき」、「自分を精神として意識していない」ことになる。

すなわち、この箇所をぐっと圧縮すると、われわれが「自己のなかの無限なもの」――それを自覚することから真の信仰が始まる――を知らないことこそ、いかに表面的には幸福な状態にあっても、最も絶望的だということですから、図式は込み入っていません。

どうも、キルケゴールが「自分が絶望していることを知らない人」のことを長々と念入りに書いているところから見て、彼のもっとも気になる――もっともいまいましい、もっとも手におえない――敵はこういう人のようです。それも後者のように、いつも希望に燃え、努力を惜しまず、怠惰な人々を叱咤激励して、しかも人間味に溢れている……世間的にはもっとも尊敬される人、すなわち「活気横溢の生活」をしている立派な市民でしょう。

彼らについて――曽野綾子の小説のタイトルを借用すると、その「幸福という名の不幸」について――、さらにキルケゴールは描写しようとする。

このあとの場合の絶望者は、肺病を病む人の状態に似ている、病気がいちばん危険な状態にあるときにかぎって、彼はもっとも気分がよく、いたって健康だと思い、おそらく他人にも健康に輝いているように見えるのである。（八六頁）

「肺病」とは肺結核のことであって、当時は青年――それもなぜか知的な青年――が罹りやすい病気であり、しかも特効薬はまだ開発されていなくて、栄養をとって身体を休めるとか、転地療法くらいしか対処法はなかった。トーマス・マンの『魔の山』はそうした結核療養所に集う人々の奇妙な生態を描いたものであり、堀辰雄の小説も軽井沢のそういうサナトリウムが舞台であって、なんとなく人生の美しさと悲しみを感じさせるロマンチックな（?）病気です。

そんな患者が「きょうは気分がいい、散歩にでも出かけようか」と言ったら危ない。その後、様態は急変して、死ぬことが多いのです。

6　異教徒と自然的な人間

この形態の絶望（絶望についての無知）は世間でいちばん普通なものである。実際、世間と呼ばれているもの、あるいは、もっと正確に規定すると、キリスト教がこの世と呼んでいるもの、すなわち異教徒や、キリスト教界のうちの自然的人間、言いかえると、歴史上かつて存在したし現在も存在している異教徒およびキリスト教界内における異教徒は、まさにこの種の絶望なのである、それは絶望であるが、絶望であることを知らないでいるのである。（八六頁）

ここでキルケゴールが「異教徒」に言及していることが注目されますが、とはいえイスラム教徒や仏教徒を念頭に置いているのではなく、おもに古代ギリシア人です。前にも触れましたが（『てってい的にキルケゴール　その一』一八―一九頁）、彼の卒論（修士論文）は、『イロニーの概念』であって、ソクラテスの分析ですが、ソクラテスこそ異教徒の代表者と言えましょう。

しかし、ここでキルケゴールが考えているのは、まさにソクラテスを死刑にしたアテナイ市民たちであるようです。それは「世間でいちばん普通なものである。実際、世間と呼ばれているもの」であって、ポリスのために献身的に尽くし、結婚し子供もいて、奴隷にもよい主人であって、当時の模範的な市民なのです。ソクラテスのようないかがわしい哲学（愛知）者から青年（息子）たちを守ることに懸命になり、彼の死刑に賛同の一票を投じた立派なアテナイ人です。

しかし、キルケゴールは二〇〇〇年前のアテナイ人たちを裁いているわけではない。まさに一九世紀中葉のキリスト教界内、とくにデンマーク国教会に集う絶望に無知な「自然な人間」たちです。このあとで、キルケゴールは彼らを「キリスト教界内における異教徒」と呼んでしまいますが、これはつい筆が滑ったのではなく、意図的な反感の発露でしょう。ルター派の国教会に集うもっとも敬虔な

――と自認している――クリスチャンを「異教徒」と呼びつけるのですから、このイロニーはただものではない。

こう書いていてふと思ったのですが、キルケゴールは『イロニーの概念』を書いていたときには想像もしていなかったけれど、自分が一九世紀のコペンハーゲンにおけるソクラテスになっていることに次第に気がついていったに違いない。彼は死刑にはならなかったが、教会からも市民からも反逆児とみなされ、笑いものにされました。彼は、こういう膨大な数の「自然な人間」が自分の敵だということをひしひしと感じていたことでしょう。

7 無精神性の美的な概念

なるほど異教界でも、キリスト教界内の自然的人間と同様に、絶望していることと、絶望していないこととのあいだに区別を立て、絶望しているのは若干の個人だけのことであるかのように、絶望について語られはする。しかし、この区別は欺瞞的なものであって、異教徒と自然的な人間が、愛と自愛とのあいだに、すべてこれらの愛が本質的に自愛ではないかのように区別立てするのと同じことである。けれども、異教徒も自然的な人間も、この欺瞞的な区別以上に進むことはできなかったし、またできもしない、なぜかというに、彼らの絶望の特徴は、まさに、自分が絶望であることを知らないでいるということにほかならないからである。（八六―八七頁）

さて、ちょっと長いのですが、この箇所を課題にしましょう。結局は「彼らの絶望の特徴は、まさに、自分が絶望であることを知らないでいるということにほかならない」のですが、この結論にいたる理論展開を正確に辿ってください。

対話4

「異教徒」が古代ギリシア人であることについてはいいですね。古代ギリシアにおいては、すばらしい悲劇が書かれ、上演され、絶望のさまざまな形態が表現されている。すなわち悲劇とは、われ知らずに父を殺し、母と交わったオイディプスのように、運命が英雄に「外から」襲いかかり、彼を滅ぼすものです。これが、「若干の個人だけのことであるかのように、絶望について語られはする」とう文章の具体的意味です。

よって、これは、あらゆるキリスト者が「自己のなかの永遠なもの」を自覚することによって生ずる絶望とはまったく違うということについてはいいですね。また、ここで「愛と自愛」というテーマに「眼を奪われて」はならず、愛と自愛は、異教徒とキリスト者との区別を説明するために持ち出したものであって、あくまでもポイントは両者の区別、「異教徒と自然的人間」にあるのです。

数々のすばらしい悲劇作品を遺した古代ギリシア人は、「この欺瞞的な区別以上に進むことはできなかったし、またできもしない」。なぜなら、「彼らの絶望の特徴」は、特定の外からくる絶望に限られていて、そうでない限り、「自分が絶望であることを知らないでいるということにほかならないから」です。もう説明の要はないほど、ストレートに語られているではありませんか。

そして、補説的に、以上の連関から見ると、古代ギリシア人が「愛と自愛とのあいだに、すべてこれらの愛が本質的に自愛ではないかのように区別立てする」という意味は、キリスト教からすると〔神の愛、神への愛を経由しない〕人間的愛はすべて「自愛」であるのに、彼らは「愛と自愛とのあいだに……〔不等に〕区別立てする」ということと重なる、ということです。

このあとは、キルケゴールの初期の作品、『あれかこれか』の思想がそのまま書かれている。

以上のことからわけなくわかることであるが、無精神性の美的な概念は、絶望が何であり何でないか判断すべき尺度とは、けっしてならないのである。これはまたまったく当然なことである。すなわち、精神が真に何であるかということは、美的には規定されないのであるから、美的なものにとってはまったく存在しないような問題に対して、美的なものが答えうるはずはないからである。（八七頁）

『あれかこれか』でキルケゴールは「美的段階」と「倫理的段階」とを並べて論じている。この図式はすべてヘーゲルによるのですが、前者の例は日々恋に明け暮れるドン・ファンであり、後者の代表例は結婚し、家庭をもち、立派な職業をもって日曜ごとに教会に通う、よき市民です。そして、ドン・ファンは若きキルケゴールに重ね合わせられている。すなわち、『あれかこれか』とは、美的生活か倫理的生活か、という「あれか、これか」です。

この場合、「美的（ästhetisch）」はギリシア語の"aesthesis"の原意を保ち、「感覚的」という意味であり、「倫理的（ethisch）」とは、家族、国家において生きるというヘーゲル的意味であることに注意する必要があります。キルケゴールは、この点ではヘーゲルに倣っていて――まあ、かなりイロニー的色彩はありますが――、後者のほうが前者よりずっと優れた生き方であって、この代表者Bが前者の代表者Aに向かって、「そんな刹那的な虚しい生き方はもうやめたまえ」と諫める、という構図を取っているのです。

さて、この両者の上に「宗教的段階」があるのですが、そして、そこから見たら、まさに両方とも――この書によると――絶望的なのですが、いちおうキルケゴールにとって、美的より倫理的のほうが「上」であることを――逆に考えている人も多いでしょうから――しっかり覚えておいてください。

美的段階は刹那的であって、そのときそのときに快を求める。そして、快と快とのあいだは虚しさに打ちひしがれる。こんな「無精神性の美的な概念は、絶望が何であり何でないか判断すべき尺度とは、けっしてならない」というわけです。

これはもう少し敷衍できて、美を求める芸術家も同じですよね。芸術家の苦悩とは所詮、キルケゴールにとっては、「無精神性」なのであって、「絶望が何であり何でないか判断すべき尺度とは、けっしてならない」のです。

8　無精神性の美的な規定

異境の諸国民が一団トナッテ、また個々の異教徒たちが、詩人たちをかつて感激させたし、また今後も感激させるであろうような驚くべき事業を成し遂げたということを否定するとしたら、美的にはどれほど驚嘆しても驚嘆しきれないような誇るべき実例の数々を異教徒がもっているということを否定するとしたら、それはもちろん途方もなく愚かなことであろう。また、最大の美的享楽に充ちた生活、恵み与えられるあらゆる機会をこの上なく趣味豊かに利用し、芸術や学問さえも享楽を高めたり美化したり洗練したりするに役立たせているような生活が、異教徒のあいだで営まれてきたし、また自然的な人間によって営まれるということを否定するとしたら、これもまた馬鹿げたことであろう。（八七―八八頁）

このさい、再度確認しますが、ここに言われている「異教徒」とは古代ギリシア人のことであって、イスラム教徒でも仏教徒でもない。キルケゴールが、古代ギリシアには優れた詩人が輩出し、その詩のすばらしさを否定することはできない、と言っているのですから、その限りでわかりますね。

そういうことを否定しようというのではない、問題は、無精神性の美的な規定が、何が絶望であり何が絶望でないかを測る尺度となるのではなく、そこで使用されなければならない規定は、倫理的＝宗教的な規定、すなわち、精神か、それともその否定として精神の欠如、無精神性か、ということなのである。自分を精神として意識していない、すなわち、神の前で自分を精神として人格的に意識していないあらゆる人間の生き方は、そのように透明に神のうちに基礎をもたず、漠然と何か抽象的普遍的なもの（国家、国民など）のなかに安住したり溶け込んでいたり、あるいは、自分の自己について漠然とした意識しかもたぬために、自分の才能をただ活動力と考えるだけで、そのよってきたる深い意味を意識することもなく、自分の自己を、内面的に理解されるべきものであるのに、不可解な何物かと考えているようなあらゆる人間の生き方――すべてこのような生き方は、たとえそれが何を、どのような驚嘆すべきことを、成し遂げようとも、たとえそれが何を、よし全人世を、説明しようとも、たとえそれがどれほど強烈に人生を美的に享楽しようとも、そのような生き方はいずれもつまりは絶望なのである。（八八頁）

まず、――前にも「無精神性の美的な概念」（八七頁）という言葉が出てきたのですが――「無精神性の美的な規定」とは、「自分のうちなる永遠なもの、これを通じて〔キリスト教の〕神との連関のない、美的な規定」という意味です。

無精神性が「何が絶望であり何が絶望でないかを測る尺度となるのではなく」までは、そもそも古代ギリシアにも広義の「絶望」はあったのだから、いいですね。広義の絶望が、さらに精神にかかわっているか否かが問題なのです。これをキルケゴールは「倫理的＝宗教的」と表わしていますが、本当のところは「宗教的」でいい。しかし、あえて詮索すると、精神にかかわっているか否かは、その人の倫理的態度も一変させるということなのかもしれません。オイディプスとアブラハムとの違いのように。

このあと、キルケゴールはこの「無精神性」の性格を丁寧に描写していて、すらすらわかるでしょうから、解説は割愛します。最後の「……そのような生き方はいずれもつまりは絶望なのである」という箇所の「絶望」は広義の絶望ではなく、キリスト教（キルケゴール）の観点からの「絶望」であることもいいですね。

そして、その次の文章で、キルケゴールはこの上なく明確に「異教徒の絶望」を語っています。

昔の教父たちが、異教徒の徳は輝かしい悪徳である、と言ったのは、それを指していたのである。教父たちは、異教徒の内奥が絶望であり、異教徒は神の前で自己を精神として意識していなかったことを指していたのである。（八八頁）

ここにいう「異教徒の徳」においてソクラテスが念頭に置かれていることはたしかです。キルケゴールは修士論文で『イロニーの概念』を書き、そこで「イロニー」という観点からソクラテスを分析しました。ソクラテスは彼にとってとりわけ気になる存在であり、この書の第二篇、A第2章は「罪のソクラテス的定義」というタイトルであって、そこで彼はソクラテスのいわゆる「無知の知」について論じていますので、余裕のある人は見ておいてください（訳注〔桝田注（88）〕参照）。

そこからまた（わたしはこれを一つの例として挙げるのだが、実は、これはさらに同時にこの研究全体とも深い関係をもっている）、異教徒が自殺というものについてきわめて軽率な判断をくだすことにもなった、いな自殺を賞讃しさえすることにもなったのであるが、実は、自殺によって人生を脱出するということは、精神にとってはもっとも決定的な罪であり、神に対する反逆なのである。異教徒には自己というものの精神の規定が欠けていた、それだから異教徒は自殺について、そのような判断をくだしたのである。しかもそれが、盗みや姦淫などについては倫理的に実に厳しい判断をくだした、その同じ異教徒なのである。（八八―八九頁）

二　自己のなかの永遠なもの

1　自殺について

次のテーマは、突如「自殺」に移っていくのですが、キリスト教の概要を知っている人にとっては、とくに新たな主張でもないので、ここも解説をカットしましょう。哲学者たちの自殺論については後ろの訳注〔桝田注（89、90）〕にわりに詳しく書かれているので参照してください。なお、感触としては、このあたりのキルケゴールの文章は荒れていて、いいものではありません。

「先後顚倒の誤り」に対する訳注〔桝田注（92）〕が不親切で不充分なので補充します。キリスト教においてはじめて真の意味を得た「絶望」をその前の古代ギリシアに適用することは、先後顚倒の誤りだというのはその通りなのですが、右にも書きましたが、キルケゴール自身「絶望」をキリスト教的な真の意味とギリシア的な真ではない意味というふうに二重に使っている。

ですから、「自殺はまさに神に対する犯罪であるという、自殺のこの要点が異教徒にはまったく見逃されているのである。それゆえに、異教徒の自殺は〔真の意味での〕絶望であったとは言えない」（八九頁）とつながるわけです。

なお、ソクラテスの死を自殺の一形態と見るかどうかはまた別の話でしょうが、神ではなく、「正義」あるいは「信念」を貫くために殺されても構わない（間接自殺？）という態度は、武士道はじめいたるところに見られますが、キルケゴールにとって、これは真の意味での絶望ではないことになるのでしょう。

ところで、厳格な意味での異教徒とキリスト教界内における異教徒とのあいだには、区別が、それも質的な区別があり、そしてその区別はどこまでも残るであろう。この区別はすなわち、ウィギリウス・ハウフニエンシスが不安に関して注意したことのあるもので、彼はこう言っている、なるほど異教徒には精神が欠けてはいるが、しかし、異教徒は精神の方向に向かっているけれども、キリスト教界内における異教徒は精神から離脱する方向において、あるいは背教によって、精神を欠いていると。したがってキリスト教界内の異教徒はもっとも厳密な意味で無精神性なのである。

（八九―九〇頁）

さて、この箇所を対話のための課題にします。と言っても「彼はこう言っている」の内容、すなわち「なるほど……」以下。表面的にはとても簡単に見えますが、最後の「キリスト教界内の異教徒はもっとも厳密な意味で無精神性なのである」をとことん熟考したうえでなければ、難しい箇所だと思います。

対話5

文章は、一見簡単そうですが、まず「キリスト教界内における異教徒（Heidentum）」という言い方に注意しなければならない。キルケゴールが「異教徒」という言葉を使う場合は、おもに古代ギリシア人を指していますが、ここはそれでは通じない。と言って、ここでキルケゴールはルター派あるいはプロテスタントから見て、「キリスト教内の異教徒」であるカトリックとかイギリス正公会とかロシア正教を考えているのでないらしいことは、これまた明らかです。

ですから、「なるほど異教徒には精神が欠けてはいるが、しかし、異教徒は精神の方向に向かっている」という箇所は、たしかにギリシアからパウロを経てローマにおけるキリスト教公認へと、さらにルターへと向かった世界史的事実ですが――このあたり、ヘーゲルの世界史そのもの――、それほど重視しなくてよい。「自分が敵にしている真の異教徒は、キリスト教界内しかもルター派内にいる」と言いたいだけです。

彼はルター派、さらにはヘーゲル学派に独占されたデンマーク国教会しか視野にはないのであって、牧師になる代わりに著述家として、それに対する宗教改革を意図している。こうした文脈で見ると、キルケゴールにとっては、この書において提示しているような神との関係を信じているクリスチャン以外すべて、すなわち現在のデンマーク国教会に集うすべての聖職者やそれに従う敬虔なクリスチャンが「異教徒」なのでしょう。

気がついていたでしょうか？　キルケゴールは、この書のなかで、彼らのなかにも本物のキリスト教徒がいるかもしれない、という言葉をひとことも発していないのです。彼らは、「自己のなかの永遠なもの」を――外形はともかく――ほんとうは知らず、それによってのみ保証される自己の精神性も知らない。そして、これを読み込むと、キルケゴールは、自分はデンマーク国教会の規準では「異教徒」であることを自覚したうえで――ここまで読み込めればたいしたものです――、真相は真逆であって、自分だけが正しいキリスト教徒であり、ヘーゲル学派に汚染されたデンマーク国教会に属している者をひっくるめて異教徒だと言いたい。

こうした態度は驚くべきことではなく、すべての預言者がそうでしたし、その代表はパウロでありルターです。彼らは、自分ひとりがイエス＝キリストの言葉と存在の意味を正しく知っていると確信している。あとすべての自称キリスト教徒は知らないのであり、よって自分が真理を布教しなければならないのです。

ただし、キルケゴールは教会に宣戦布告すると言っても、ただ著述上のみであって、パウロやルターほどには活動しなかったので、大宗教戦争にはならなかった。とはいえ、彼の心意気はこの二人とほとんど同じです。デンマーク国教会の正統的ルター派に属する人々が、「精神から離脱する方向において、あるいは背教によって」という表現を――理解して――読んだら驚愕することでしょう。ヘーゲル学派一色に染まっているデンマーク国教会は「精神から離脱する方向」にあって、それは「背教」と同じだと読めてしまい、これはまさに暴言だからです。

さらに付言すると、最後の「したがってキリスト教界内の異教徒はもっとも厳密な意味で無精神性なのである」という文章は、主語と述語を逆転させて、「したがってもっとも厳密な意味で無精神性であるキリスト教徒は、キリスト教界内の異教徒なのである」としたほうが、彼の真意にぴったり沿っているように思われますが、いかがでしょうか？

こう考えると、キルケゴールが牧師の職を諦めていないうちはこの書の刊行を躊躇したのもわかり、これを裏返すと、この書を刊行することによって、デンマーク国教会との戦闘に入ることを自覚していたことがわかります。しかし、その後の事実を調べると、彼はその後、『瞬間』というパンフレットを刊行したりして「たったひとりの反乱」を続けますが、むしろ圧倒的な敵の力の前に手痛い傷を負い、市民からは狂人扱いされ、嘲笑され、ポンチ画〔風刺画〕の材料にまでなった。この事態を彼はどうとらえていたのか、興味のあるところですが、それほどはっきりしない。若いころから自分をソクラテスに重ね合わせていた彼にとって、死刑判決どころかポンチ画の題材になってしまうとは！　むしろ、それを利用して書き尽くしてやろうという執念を感じるのですが、このあたりは推定の域を出ません。

2　弁証法的に読むこと

ふたたび長い——長すぎる——タイトルにぶつかります。

b　自分が絶望であることを自覚している絶望。したがって、この絶望は、或る永遠なものをうちに含む自己というものを自分がもっていることを自覚しており、そこで、絶望して自己自身であろうと欲しないか、それとも、絶望して自己自身であろうと欲するか、そのいずれかである

（九〇頁）

「自分が絶望であることを自覚している絶望」に陥ると、われわれは対極的な二つの態度に固まっていく。すなわち「自己自身であろうと欲しないか、それとも、自己自身であろうと欲するか」ということです。後を読めばわかりますが、ここで言われている「自己自身」とは、自己自身としての「精神」とは反対の意味であって、世俗的・人間的な自己自身という意味です――とはいえ、最終的には弁証法的に精神と関係しているのですが。

すなわち、第一の場合は、絶望してこんな自分を呪うが、変えることもできず、悩み苦しみ、場合によっては自殺にいたる。第二の場合は絶望して、やはり自分を呪うが、さらにダメなその自分にしがみつくということ。

この具体的形態は後にえんえんと書いてありますので、そこに譲るとして、あとは解説することがないので、ここでついでにぜひ言っておきたいことがあります。哲学書、とくにキルケゴールを読むさいに、気をつけてもらいたいことは、「弁証法的に」読むこと。概念レベルのヘーゲルの弁証法ではなく、実存レベルの弁証法です。

例えば、「絶望に陥っている」ことを何か人間として価値あることであるかのような単純な読み方ではダメだということ。絶望は救済すなわち真の信仰の真逆であって、もっとも価値なきものなのです。しかし、それに陥ってしまうのが人間の――ある意味――運命であって、キルケゴールはこの苛酷な事実を直視しないルター派を攻撃しているのであって、絶望を賞讃しているわけではありません。

キザを承知で言いますと、「絶望」は「哲学」に似ている。哲学なんかしなくても生きられれば、どんなによいことか！　しかし、人間が真剣に考えれば、望んだわけでもないのに生まれてきたことをはじめ、どこまで生きても何もわからない惨憺たる人生であって、しかも一〇〇年足らずで死んでしまい、あとはまったくわからない。この不条理を直視しないで生きている人がいることが不思議であり、一瞬羨ましいけれど、やはりどう考えても「ごまかし」としか思えない。彼らがどんなに幸福であろうと、そして、この不条理を直視して生きることがどんなに不幸であろうと、やはり「ごまかさない」で生きようとするなら、この生き方しかないのです。

ここではもちろん、自分の絶望を意識している者が、絶望の何であるかに関して真の観念をもっているかいないかが区別されなければならない。そこで、或る人は彼のもっている観念からして自分を絶望していると呼ぶことが正しいかもしれないし、また、彼が絶望しているというのもほんとうのことであるかもしれないが、しかしそれだからといって、彼が絶望について真の観念をもっているということにはならないのであって、絶望についての真の観念のもとに彼の生活を眺めるならば、こう言わざるをえないかもしれない、きみはほんとうはきみが考えているよりもはるかに多く絶望している、きみの絶望はもっともっと深いところにひそんでいるのだと。

（九〇―九一頁）

「彼のもっている観念」と「真の観念」とは根本的に違うのですが、では、後者はどういう観念なのか？　それは、真の信仰に基づいた観念であって、自己が永遠なもの（神）によって媒介された「精神」であることを知っている観念です。

しかし、文意の核心はこういう図式よりむしろ、「きみはほんとうはきみが考えているよりもはるかに多く絶望している」ということであって、多くの人は絶望を意識しているといっても、その意識された絶望は生ぬるいということ、真相はもっと「深いところにひそんでいる」ということです。

正統的ルター派は、人々がこれこれのことをしたら自動的に救済されるかのような図式を掲げるが、そうではないのではないか？　たとえそのすべてをなしたとしても、神と自分とのあいだには断絶があって、もしかしたら自分は救済されないのではないか？　デンマーク国教会に属する敬虔なクリスチャンは、こういう恐るべき疑いをもつことがない。そして、救済されないことの絶望がどんなに深いものか、考えることがないのです。

（先に述べたことを思い出してもらえば）異教徒の場合がそうなのである。異教徒が他の異教徒たちと比較して自分自身を絶望していると見なすとき、自分が絶望していると考える点では彼はもちろん正しいであろうが、他の異教徒たちが絶望していないと考える点では間違っている。すなわち、彼は絶望について真の観念をもっていなかったということになるであろう。（九一頁）

さて、ここは、論旨が前の部分に続くのでわかりやすいようですが、じつは比較的読みにくいところですので、対話のための課題にしましょう。ヒントを出しますと、キルケゴールの視点を動かさずに、「他の異教徒」が何を意味しているかを正確にとらえることが鍵なのですが……。

対話6

この部分は、異教徒（古代ギリシア人）Xが、「自分は絶望している」と考える点ではもちろん正しい」というところに、「はてな?」とひっかからなければならない。というのも、キルケゴールの文脈では絶望に関する判断で、異教徒が「正しい」わけはないからです、

このあとは、比較的さらっとわかる。Xが「他の異教徒たちが絶望していないと考える点では間違っている」。なぜなら、異教徒は自分が絶望していることに気づかないほど、絶望している——絶望的な——はずだからです。そういうわけで、そう判断するXは、「絶望について真の観念をもっていなかった」というのもいいでしょう。

ここで、キルケゴールが「絶望」という言葉を、いかにもクリスチャンに限定して使っているようでいて、じつのところ異教徒にも広げて使っていることが注目されます。つまり、異教徒は——動物のように——絶望と非絶望との彼岸にあると考えているのではなく、やはり絶望の磁場のなかにいる、と彼は考えているということです。

この大前提のもとに、異教徒は「精神」——すなわち自分のなかの永遠なもの——を知らないのですから、本来的な意味では絶望していない。オイディプスのように、メディアのように、個々の人間的・世俗的事態に絶望しているだけだ、とつながるのはいいのですが、とすると絶望に二種類あることになる。「精神」を知った者、すなわちクリスチャンの絶望——絶望（a）としましょう——と、知らない者すなわち異教徒の絶望——絶望（b）としましょう——です。

すると、先の引用箇所は、異教徒Xは「自分が絶望（b）していると考える点では彼はもちろん正しいであろうが」、――↓絶望（a）していると考える点では正しくない、と補わなければならない。すると、Xの「他の異教徒たち」に対する判断も捻れてきます。というのも、Xが「他の異教徒は絶望（b）していない」と語るとき、ある意味では正しいはずであり、これを「間違っている」と断定するのは、絶望（a）の視点からのはずだからです。

こうして、キルケゴールの文章を二重の絶望（a、b）を入れて翻訳してみると、異教徒Xが「自分自身を絶望していると見なすとき、自分が絶望（b）していると考える点では彼はもちろん正しいであろうが、絶望（a）していると考える点では間違っている」となる。そしてさらに、Xが「他の異教徒たちが絶望（b）していないと考える点では正しいが、絶望（a）していないと考える点では間違っている」となるように思います。だから、いずれにせよ、Xは「絶望について真の観念をもっていなかった」のです。

まとめてみると、Xが「自分自身を絶望（b）していると見なすとき」、それは本来の絶望（a）ではないがゆえに、厳密には正しくない。しかし、客観的には――絶対的視点では――、Xが「精神」をもたない絶望的状態であることは間違いないので、その意味では正しいことになる。しかし、Xが「他の異教徒たちが絶望（b）していない」と語るとき、客観的には――絶対的視点では――彼らもやはり絶望（a）しているはずですから、Xは正しくないのです。

さて、なぜキルケゴールはこう厳密に分析的に書かないのか（カントなら、この数倍厳密に書くでしょう?）、それは、彼がこのざっくりした文章のイロニーがわかる人だけがわかればいい、と考えているからなのかもしれない。あるいは、単にその才能がないだけなのかもしれない――

これは、彼の著作の全体から十分に推測される。とにかく、理由はわかりませんが、私の個人的趣味には反します。

3　キルケゴールの自己意識論

このようにして、意識的な絶望には、一方において、絶望が何であるかについての真の観念が要求される。そして他方においては、自己自身についての明瞭さが、つまり明瞭さと絶望とが関連して考えられうるかぎり、要求される。（九一頁）

「真の観念」とは別の「自己自身についての明瞭さ」とは何か？　これは、なかなか答えられないでしょう。実は、キルケゴールは、デカルトの「コギト、エルゴ、スム（我思う、ゆえに我あり）」の明晰性を再解釈しようとした――実際には、その論文は計画のみだったのですが――、すなわち絶望に基づいた自己意識の明晰性を再確立するというプランです。

このあと、えんえんと書いてあるのはこのことであり、デカルトからヘーゲルにいたる自己意識論の書きかえという大きなテーマです。そのテーマを分析する場合、「真の観念」の究明においては、観念という真理の側（神の側）からアクセスしますが、「明晰さと絶望」の究明においては主体の意識の側からアクセスするのです。

自分が絶望しているということについての完全な明瞭さが、絶望しているということと、どの程度まで結合させられるか、すなわち、認識と自己認識のこの明瞭さこそ、人間を絶望から救い出し、自己自身の状態に驚愕させて人間を絶望状態にあることをやめさせるものなのではないかどうか、わたしたちはこれをここで決定しようとは思わないし、また、そのような研究の場所は後章に見いだされるであろうから、いまそれを試みようとも思わない。（九一頁）

しかし、それほど壮大なものではなくても、この書の第一篇CのAは「絶望が意識されているかいないかという点を反省せずに考察された場合の絶望」であり、Bは「意識という規定のもとに見られた絶望」ですから、キルケゴールはすでに一部実行しているわけであって、第二篇の第一章でさらに本格的に実行する、というプランがここに書いてある。ここまで説明したのですから、次の箇所はいいでしょうね。

そして、思想をこのような弁証法的なぎりぎりの点まで追求することをしないで、わたしたちはここでは、絶望が何であるかについての意識の程度に非常な差異がありうるように、自己の状態が絶望であるというその自己自身の状態に関する意識の程度にもまた非常な差異がありうる、ということを注意しておくにとどめる。（九一―九二頁）

ここでいう「弁証法的」とは、もちろんヘーゲルの――間違った――弁証法ではなく、自分の――正しい――弁証法という意味。ヘーゲルの弁証法は、総じて一般的・概念的な発展のみを語りますが、自分は、絶望の程度には「非常な差異」があり、それぞれの個人（実存）の自己意識の程度にも「非常な差異」があることを重んじる。そして、そのうえで、一つの絶望に関する真理を語りたい、ということでしょう。

三　絶望と地上的なもの

1　（世俗の）仕事と絶望

なお、この次の文章までは、読めばわかるので解説は省きましょう。総じて、これからは理解が比較的容易になります。それは、たぶんキルケゴールが自分自身の思想の概略を示した後、彼の作家的気質が触発されて物語的に面白く語ろうとする動機に導かれた部分だからであって、この書はこういう部分があるから魅力を増していると言えます。

現実の人生というものは実に多種多様であるから、自分の絶望について完全に無知な絶望と、自分の絶望を完全に自覚している絶望とのあいだの対立といったような、抽象的な対立を指摘するだけではすまないのである。いうまでもなく、たいていの場合、絶望者の状態は、自己自身の状態について、さまざまなニュアンスはあるが、なかば朦朧としているものなのである。絶望者は或る程度まで自分が絶望していることを自分自身でよく知っている、人が肉体に病をもっていることに自分自身で気づくように、絶望者は自分の絶望に自分自身で気づくのである、けれども、彼はその病気が何であるかを正直に認めようとはしない。或る瞬間には、自分が絶望していることが彼自身にも分かるほどになるのだが、次の瞬間には、自分のぐあいの悪いのには何か別の原因があるように思われ、そのぐあいの悪さは何か外的なもののなかにあるように、自分の外にある何物かのなかにあるように思われて、それさえ改めることができれば、絶望しないですむだろうなどと考えるのである。あるいは、おそらく彼は気晴らしやその他の方法で、たとえば気晴らしの手段として仕事をするとか、何かに没頭するとかして、自分の状態を自分自身に漠然とさせておこうとつとめるかもしれないが、その場合でも、彼がそのようなことをするのは、漠然とさせておくためなのだということが、彼にはまったく明らかにはならないのである。（九二頁）

これ、わかるじゃないですか？　私の個人的体験で恐縮ですが、子供のころから「死の恐ろしさ」ばかり考えていたのですが、誰もそれをまともにとらえてくれない。そこで、私は「自分のぐあいの悪いのには別の原因があるように思われて、（中略）自分の外にある何物かのなかにあるように思われて、それさえ改めることができれば、絶望しないで、〔死に怯えなくて〕すむだろうなどと考え」たものです。もちろん、こうしたごまかしはすぐに見抜き、「自分の外にある何物」をもってきてもダメであることがわかってしまったのですが。

次の箇所は、後のハイデガーの「世人（das Man）」の分析に通じます。

あるいはもしかすると、彼がそうして仕事をするのは、心を朦朧たる状態に沈めておくためなのだということを意識してさえしているかもしれない、そして彼はそれを一種の明敏と賢明な打算とをもって、心理学的な洞察をもって、おこなうかもしれない。しかし、彼は、いっそう深い意味においては、自分が何をやっているのか、自分のそういうふるまいがいかに絶望的であるかなどということを明瞭に意識してはいない。
（九二—九三頁）

彼（世俗の仕事に邁進している人）は、絶望から眼を逸らしているのではなくて、絶望に陥る危険を察知して、あえて仕事に邁進しているのかもしれない。これが、「一種の明敏と賢明な打算とをもって、……おこなう」ということでしょう、

しかし、考えてみればすぐわかるように、こうした計算づくのやり方では絶望は退散しない。こうしても絶望はずっと彼につきまとうのですから、じつは彼は「自分のそういうふるまいがいかに〔効果がなく〕絶望的である」かを意識していない。いや、わずかに意識しているかもしれないけれど、まさに「明敏と賢明な打算とをもって」、それを自己欺瞞的に押しつぶしているのです。

つまり、あらゆる曖昧さや無知のなかでは、認識と意志との弁証法的な合奏がおこなわれているものであって、認識だけに重点をおいたり、意志だけに重点をおいたりすると、人間の理解を誤ることになりかねないのである。
（九三頁）

ここを対話のための課題にしましょう。この前の引用箇所の続きなのですが、言葉が抽象的になっていて、用心しないと誤読する可能性の高いところですので、われこそはと思う人は挑戦してみてください。

この部分の読解のヒントは、その前の引用箇所にあり、その核心部分は「心を朦朧たる状態に沈めておくために、……それを一種の明敏と賢明な打算とをもっておこなう」ということです。すなわち、人は自分の「心の朦朧状態」を、「明敏と賢明な打算で」利用して何ごとかをなすことがしばしばあるのです。

幸い、なんとなく精神がぼんやりしてきたから、このぼんやり感と無責任感と破廉恥感とをうまく利用して、いまの難局を切り抜けることができるだろうと正確に計算する態度、でしょうか。この場合、テーマは絶望ですから、自分が絶望していることをうすうす知りながら、徹底的に追及せず、「心を朦朧たる状態に沈めておく」、しかも「それを一種の明敏と賢明な打算とをもって」おこなう、ということです――こういう心の分析にかけては、キルケゴールは天下一品です。

ここは、それに続く話であって、「あらゆる曖昧さや無知のなかでは、認識と意志との弁証法的な合奏がおこなわれている」において「弁証法」という言葉が皮肉に使われている。すなわち、好都合なことに、そうした朦朧とした意識においては、明晰な認識も明晰な意志もうまくはたらかない。よって、これを利用して、絶望を直視することをやめ、すべてを矛盾も不合理も含めて〈弁証法的に〉行為しよう、という態度、あるいはそういう態度で他人にも対する、ということでしょうか。

この場合、あまりに「認識だけに重点をおい」て理性的・反省的に人間を見ても，あまりに「意志だけに重点をおい」て情熱的・欲望的に人間を見ても、「人間の理解を誤ることになりかねない」のですが、ここに言われる「人間の理解」とは「人間という愚かな者の理解」という否定的な意味であることを見逃してはならない。すなわち、絶望を直視せずに覆い隠す、という人間的レベルにおける賢さに裏打ちされた行為は、絶対的レベル（神の視点）ではじつに愚かな行為なのです。

ですから、対話のための課題の直前の文章は、右に解説した部分のあとに、「しかし、彼はいっそう深い意味においては、自分が何をやっているのか、自分のそういうふるまいがいかに絶望的であるかなどということを明瞭に意識してはいない」と続くのであって、右に説明したすべては人間の視点からの「人間の理解」というレベルの話なのであって、人間を超えた絶対的な視点（神の視点）から見れば、「彼は自分が何をやっているのか……を明瞭に意識してはいない」のです。

2　絶望は信仰の否定である

次は「b　自分が絶望であることを自覚している絶望」というタイトルのもと、九三頁の段落からです。

しかし、さきに述べたように、意識の度は絶望の度を強める。或る人が絶望についてもっている観念が真であればあるほど（しかもなお彼があくまでも絶望のうちにとどまっているとするかぎり）、また彼が絶望していることを意識することが深ければ深いだけ（しかもなお彼があくまでも絶望のうちにとどまっているとするかぎり）。彼の絶望の度はそれだけ強いのである。自殺が絶望であることを意識しておりながら、そしてその限りにおいて絶望が何であるかについて真の観念をもちながら、自殺をする者の絶望は、自殺が絶望であることについて真の観念をもたずに自殺する者の絶望よりも度が強いのである。これに反して、自殺について彼のもつ観念が真であることが少なければ少ないだけ、彼の絶望の度もそれだけ弱い。他方また、自殺をする者が自己自身についてもつ意識（自己意識）が明瞭であればあるほど、それだけまた彼の絶望は、彼の心に比べるともっと混乱した漠然たる状態にある心の持ち主の絶望に比較して、強いのである。

（九三頁）

これは、あたりまえのように見えるかもしれませんが、そうではなく、「絶望」という言葉は（いわば）主観的にも客観的にも用いられる。その当人の意識から見る場合と、それを無視してその「そと」から客観的に見る場合です。わかりやすい例を挙げれば、「幸福」がそうであって、この言葉はいかにも本人の気持ちにそって使われるようですが、そうではなく、本人がどんなに「幸福だ」と主張しても、他人はいつでも「あんた、それでほんとうに幸福なの？」と介入することができる。本人がいないところで、「彼（女）、あれじゃ絶対に幸福じゃないよ」と断定することさえできるのです。

ですから、右の引用箇所もいわば別の視点を含めて読まねばならない。いつも「……彼の絶望の度はそれだけ強いのである」が、客観的は（神の）視点から見れば違うであろう、と補わねばならない。付け加えれば、伝統的キリスト教においては、何が幸福か、何が絶望かは、本人の意識とは別のところで、すでに客観的に決まっているという考えのほうが強かったので、キルケゴールのように、本人の「意識」を強調することはむしろ新しいのです。

このあと、「自殺が……」からこの頁の終わりまで、いま言った「意識の度」を「自殺」という事例に沿って話しているだけですから、解説は割愛しましょう。自殺がキリスト教では禁じられていることを加味すると、絶望しても自殺できないこと、さらに禁じられているにもかかわらず自殺することは、なかなか重たい話です。

みなさん、信仰をもちながら自殺する人の絶望の大きさを想像できますか？　それによって救われないばかりではなく、死後、永遠の責め苦を負うことを知っていて、それでも自殺を選ぶのですから。私は、昔（『哲学の教科書』で）、「あらゆる自殺は思考の自殺だ」と書きました。生きることに何の意味もないことは明らかだ、いや、何かあるかもしれない、いや、やはり何もない……、というより、このまま敗残者として生きるのは、人から嘲笑されて生きるのはイヤだ、でも、いま死んだら生まれてきた甲斐がない、だが、明日から明るい光のもとで努力することがイヤだ、たとえ努力して多少報われても、また挫折して苦しむのがイヤだ、……でも、いま死んだら何もなくなる、それも怖い、だが……と同じところをぐるぐると頭が痺れるほど考えて、もう考え疲れたとき、ふっと自殺するのです――これ、自分の体験から。

ですが、キリスト教の信仰をもったままの自殺はこれより数段悲惨のはずです。それは単なる「思考の自殺」とは言えない「何か」なのでしょうが、私には想像できません。そして、キルケゴールはこのことについて頭が痺れるほど考えたに違いない。

前にも言いましたが（『てってい的にキルケゴール　その一』口絵と二一頁）、ユトレヒト半島の北の端ギレライエに、キルケゴールの石碑が立っています。若きキルケゴールが絶望して――自殺をうすうす考えながら――そこを旅し、そして「主観性が真理だ」ということを天啓のように自覚して（と、その日の日記に書いてある）……コペンハーゲンに戻ったという、いわいくつきの場所なのですが、一四年ほど前に私はそこを訪れ、スウェーデンが霞んで見えるその広い草原で、しばらく横になり、うとうとしていました。

さて、以下においてわたしは、意識された絶望の二つの形態を研究しようと思うのであるが、それによって同時に、絶望が何であるかについての意識の上昇、および自分の状態が絶望であることについての意識の上昇、あるいは、要するに同じことであってまた決定的なことでもあるが、自己についての意識の上昇が示されるであろう。（九四頁）

ここは、すぐあとに出てくるαとβの予告であって、解説の必要はないかと思いますが、一つだけ。「自己」とは「精神」であって、「自己における永遠なもの」、さらにそれを通じて神を意識している状態ですから、「自分の状態が絶望であることについての意識」とは「自己における永遠なものを自覚して絶望している意識」であり、――次の引用でいっそう明らかになりますが――「絶望が信仰の否定であることを自覚して絶望している意識」です。

ところで、絶望していることの反対は、信仰していることである。それだから、絶望がまったく存在しないような状態を言い表わす公式として先に掲げられたもの、その同じものがまた信仰の状態を表わす公式であるのも、まったく当然なことである。それはすなわち、自己自身に関係し、自己自身であろうと欲するにあたって、自己は自己を措定した力のうちに透明に基礎づけられている、という公式である（A・A参照）。（九四頁）

このことは、何度強調してもしすぎることはない。すなわち、絶望はまったく正しいこと、誇るべきことではなく、その反対が信仰なのであり、信仰から見ると絶望は信仰に反することですから、もっとも愚かなこと、責めるべきことなのです。

本来の人間のあり方は、「自己を措定した力〔神の力〕のうちに透明に基礎づけられている」ことなのですから、絶望はその正反対のもっとも悪いこと。では、なぜ、キルケゴールは絶望に陥っていない（と自称する）正統的ルター派の連中を「キリスト教のなかの異端者」とまで呼ぶのか？　そのすべてがウソだからです。彼らはただ絶望を直視しないだけ、「絶望に陥っていない」という振りをしているだけだからです。

キルケゴールによれば、それは絶望していることより数段悪質である。そうですね、日本昔話のようで恐縮ですが、こんな例を思い描いてみたらどうでしょうか？　ここに二種類の悪い人がいる。彼らは自己も他人も騙し続け、真実を見ないようにし、犯罪に走ることはないが悪意はもち続け、すべて自己利益のために善行を実施している……。このうち、Aはこうした自分に嫌気が差し、ひどく絶望している、しかしBは、――信仰の力によって？――絶望してはならないと自分を励まし続け、絶望しているAを軽蔑し、さらには憐れむ……。

つまり、同じ薄汚いことを繰り返しながら、そのことに――信仰に反して――絶望し、しかも自分が絶望していることを意識している人（A）と、自分は絶望を「克服した」と信じ、信仰を獲得したと確信している人（B）のうち、どちらが「より悪い人」でしょうか？

3　弱さの絶望は女性の絶望である

α　絶望して、自己自身であろうと欲しない場合、弱さの絶望

この形態の絶望が弱さの絶望と呼ばれるとき、すでにそのことのうちに、絶望して自己自身であろうとするという別の形態（β）への反省が含まれている。してみると、これは単に相対的な対立であるにすぎない。反抗というものが全然なければ、絶望は存在しないのである。事実また、自己自身であろうと欲しない、ということばのなかには、反抗が含まれているのである。ひるがえってまた、絶望の最高の反抗そのものも、なにほどかの弱さを伴わずには、けっして存在するものではない。したがって、この区別は相対的なものにすぎない。第一の形態はいわば女性の絶望であり、第二の形態は男性の絶望である。*（九四―九五頁）

これから展開する「α　弱さの絶望」と「β　反抗」との「相対的な対立」、すなわち一見対立しているようで相互依存的である関係を、キルケゴールはここで長々と予告しているのですが、具体的内容は本文を読んではじめてわかることなので、引用だけしたうえで解説は控えましょう。

さて、この最後の文章に＊が付いていて、膨大な「補足」が付加されている。本文では二つの段落に区切られていますが、はじめの段落が長すぎるので、さらに五つに分けて番号をふることにしまし

ょう。

(1)　もし心理学的な目をもって現実を見まわすならば、このことが、考え方の上で正しく、したがってまた現実に当てはまるはずであるように、事実また現実に当てはまっており、またこの分類が絶望の全現実を包括しているということを確信する機会を、人は時おりもつことであろう。おもうに、子供については、じじつ絶望ということは言われない、ただ神経質ということがいえるだけである。それはつまり、子供では永遠なものが可能的ニ〔桝田訳どおり。デンマーク語以外はカタカナ表記〕与えられていると前提できるだけのことであって、大人に対しては当然に要求されうることなのだが、子供に対しては、永遠なものをもつべきであると要求できる権利を誰も持っていないからである。(九五頁)

なお、ここでどうしても言っておきたいのですが、訳者は「もつ」と「持つ」あるいは「いう」と「言う」を表記し分けているのですが、それはどう考えても恣意的であり、この場合のように、一文のなか、あるいはごく近くに二つの異なった表記があると、とても気持ち悪いのですが……。

(2)　けれどもわたしは、男性的な絶望の諸形態が女性のもとにおいても見られうるし、逆にまた、女性的な絶望の諸形態が男性のもとにおいても見られうることを、けっして否定しようとするものではない。しかしそれは例外なのである。いうまでもないことであるが、典型的なものは事実ごく稀にしか存在しないし、男性の絶望と女性の絶望とのあいだのこの区別にしても、それが完

全に真理だと言えるのは純粋に典型的な場合だけである。（九五頁）

(3) 女性は、男性に比べてどれほど多くやさしくこまかい感情をもっていようとも、利己的に発達した自己の観念も、決定的な意味での知性も持ってはいない。むしろ、女性の本質は従順、献身であり、もし女性が献身的でないなら、それは非女性的なのである。実に不思議なことであるが、女性ほどそっけなくとりすましたり（このことばはまさに女性のために作り出されたものにほかならない）、ほとんど残酷までに気むずかしいものはない、それでもやはり女性の本質は献身なのである、しかも（実に不思議なことに）こうしたことすべてが、実は、女性の本質が献身であることの表現なのである。つまり、女性がまったき女性的献身をその本質としていればこそ、自然は女性に対して好意を示して、そのこまやかさに比べるといかなるものも、もっともよく発達した男性のすぐれた反省でさえもものの数でないような、一種の本能を賦与しているのである。この女性の献身、この、ギリシア的な言い方をすれば、神からの賜物にして財宝は、むやみに投げ棄てられてすまされるにはあまりに大きな財産であり、しかも、どれほど目のきく人間的反省も、それをそれにふさわしい相手に片づけてやることができるほど鋭い目をもつことはできない。それだから、自然が女性の世話を引き受けたのである。女性は本能によって、目を閉じたままで、どれほど目のきく反省よりもより明瞭に見抜く、自分が何に讃嘆すべきか、何に自分の身を献ぐべきか、を本能的に見抜くのである。献身は女性のもつ唯一のものである、それだから自然が彼女の保護の任に当たったのである。女性らしさが或る変化ののちにはじめて生じてくるのも、そのためである。どこまでもそっけなくとりすましていたのが女性的な献身に浄化されることによって、女性らしさが生じてくるのである。

（九五―九六頁）

(4)　ところで、献身が女性の本質であるということは、絶望のうちにもまた表われて、それがまた絶望の様相ともなる。献身においてのみ女性は自己自身を失っているのであるが、かくしてのみ女性は幸福なのであり、かくしてのみ女性は自己自身であるのである。献身なしに、すなわち自分の自己を献げることなしに、幸福であるような女性は、たとえその他の何を献げていようとも、まったく非女性的である。男性にしても献身しはする、そして献身しないような男性はくだらぬ男である。しかし男性の自己は献身ではない（自己が献身であるということが女性に本質的な献身の表現なのである）、また男性は、女性が別の意味でそれをするように、献身によって自分の自己を獲得するのでもなく、男性は自己自身をもっているのである。男性は献身しはするが、しかしながら男性の自己は、献身していることの冷静な意識として、あくまでもあとに残されている、これに反して女性は、純粋に女性的に、自分が身を献げるもののなかへ、自分を投げ込み、自分の自己を投げ込んでしまうのである。そこでいま、女性が献身する当のものが女性から取り去られるならば、女性の自己もまた失われるのであり、そしてこれが、自己自身であろうと欲しないという女性の絶望なのである。――男性はそのようなふうには献身しない、しかし男性的なものも、絶望して自己自身であろうと欲するという、絶望の別の形態をとって表われるのである。

（九六―九七頁）

(5)　これだけのことを、男性の絶望と女性の絶望とのあいだの関係について、言っておく。けれども、神への献身について、あるいは神との関係について、ここに言及されていないことを心にとどめていただきたい、これは後の章ではじめて取り扱われる。神との関係においては、男と女といったような区別は消滅するが、そこでは、献身が自己であること、また献身によって自己が獲得されるということが、男性にも女性にも当てはまる。実際には、多くの場合、女性はただ男性を通じてのみ神に関係するのではあるが、そのことは男性にも女性にも同じように当てはまるのである。

（九七頁）

ここで、趣向を変えて、以上すべてを対話のための課題としましょう。長いけれどわかりやすい文章ですから、全体をざっと読んで、「第一の形態はいわば女性の絶望であり、第二の形態は男性の絶望である」と断定し、その理由について長広舌を振るうキルケゴールに対して、忌憚なく感想を語ってもらいたいのです。

対話8

この箇所を課題としたのは、キリスト教の信仰（とくにキルケゴール）が、意外かもしれませんが、直接「性」に関係してくることを知ってもらいたいからです。

『創世記』が、エバの誘惑によってアダムが禁断の木の実を食べたことから始まっているように、「性」は怖ろしいものであって、その放縦は社会を混乱させる。教会のおもな仕事の一つは、まさに「性」を支配し管理することでした。

実は、キルケゴールはきわめて強く「性」にとらえられた哲学者であって、それは自分の「生まれ」に対する（マイナスの）関心をもち——彼は両親が教会で結婚せずにできた「不義の子」ですから——、そのためにセムシという烙印を押され、自分のなかの穢れた血を呪い、若い頃は自暴自棄になり放蕩に耽り、その後結婚を意図し、やっと見つけた理想の妻であるべき、レギーネとの結婚を破棄してしまう……という具合に、彼の人生は「性」に振り回されている。

『不安の概念』で、キルケゴールは禁断の木の実を食べるようにエバに誘惑されたアダムの「不安」を詳細に記述しています。女性による悪への誘惑であり、その背後にはヘビがいる。アダムは不安を覚えつつ、この誘惑に負け、ふたりは楽園から追放されてしまう。これが人類史の始まりです。

私見では、キルケゴールはきわめて性欲が強く、病的に女性を求める、いわゆる「女たらし」に近かったのではないかと思います。太宰治の場合は、女性に（苦しみながら）「溺れる」というイメージですが、キルケゴールの場合は、まさに意気揚々と獲物に飛びかかる。彼自身それを自覚していて、それをテーマにしたものが（修士論文を除く）処女作『あれかこれか』であって、そこで彼は——実体験に基づいて——長々とドン・ファンの虚しさを論じている。

すなわち、キルケゴールは不安に怯える青春を過ごしながらも、ドン・ファンを演じることができるほど女性にはもてた。これは決定的であり、絶望してドン・ファンを演じようにも、——ニーチェのように——女性たちが見向きもしなければ、ドン・ファンにはなれない。太宰が典型ですが、「反抗」の一つとしての堕落は性的堕落がいちばんわかりやすいでしょう。性的に清廉潔白で、かつ堕落している、という堕落の形態はなかなか摑み取れない。

これを課題にしたのは、「もて男」であるキルケゴールの——現代ではおそらく基本的に反感を買う——ダンテ的・古典的女性観を確認してもらいたかったからです。ですから、先の番号付けによると、(3)と(4)を中心に解説しましょう。キルケゴールには、多くの哲学者——例えば、ロックやヒュームやカントやショーペンハウアーやニーチェやヴィトゲンシュタイン——に見られる女性蔑視ないし女性嫌悪の片鱗もない。

女性を「従順・献身」という側面からしか見ていない、その弱さを男性の強さが保護しなければならない、という側面からしか見ていない。これは聖書の女性観と言えるものであり、とくにパウロにははっきりしています。

しかし、あなたがたに知っていてもらいたい。すべての男のかしらはキリストであり、女のかしらは男であり、キリストのかしらは神である。

（『（新約）聖書』「コリント書第一」一一章3節）

なぜなら、男が女から出たのではなく、女が男から出たのだからである。また、男は女のために造られたのではなく、女が男のために造られたのである。

（同、8、9節）

これは、女性たちが若きキルケゴールにそういう「従順・献身」を示したという数々の経験によるものでしょう。私見ですが、太古以来、女性にとっての男性は「好きな人」と「それ以外」

しかなく、前者には恐ろしく「従順」であり、心の底から「献身」し、しかし後者には徹底的無関心ないし拒絶の態度をとり、かつ——残酷なことに——女性たちはそれを包み隠さない。カントやニーチェは、ほとんど女性から愛された経験がないので、その「従順・献身」が皆目わからなかったのでしょう。なお(3)の「そっけなくとりすましたり」は、鈴木祐丞訳では「猫かぶり」となっている。「ほとんど残酷なまでに気むずかしい」は「残酷なまでに選り好みをしたりする」となっている。ちなみにドイツ語は“schnippisch”と“fast grausam wählerisch”であり、いずれも好きな男の前に出たときの（若い）女性の態度の典型であって、これらもキルケゴールの実体験から出た言葉でしょう。

最後に(5)にいたって、「神との関係においては、男と女といったような区別は消滅する」という言葉に出会って、ほっと安心した読者諸賢もいるかもしれません。パウロにも次のような箇所があります。

> もはや、ユダヤ人もギリシヤ人もなく、奴隷も自由人もなく、男も女もない。あなたがたは皆、キリスト・イエスにあって一つだからである。（『（新約）聖書』「ガラテヤ書」三章28節）

しかし、キルケゴールの場合、こうした側面ばかり強調して解釈してはならない、ということを肝に銘じておいてください。

話題を変えますと、キルケゴールは、彼が二二歳のときに死んだ母について、ほとんど語らないのです（日記にも出てこない）。哲学者や文学者（作家）にはマザコンが多いので——カントやニーチェがその典型、作家のうち、近いところでは、ゲーテ、ヘルダーリン、ホフマンスタール、フロベール、プルースト、カミュなど――、この現象はきわめて稀だと言っていいでしょう。

さて、課題とはズレていくようですが、キルケゴールのみならず、絶望には深く「性」や「結婚」の問題が絡んでいると私は睨んでいる。ある異性との出会い、その者と性的関係を結び、親となり、子に対して重たい責任を引き受け、配偶者として（普通）死ぬまで添い続けることは、誰にとってもかなり高いハードルです。

結婚には、人間としてのあらゆる成熟性＝社会性が含まれていて、しかも結婚は他人（相手の家族）を巻き込む長期戦ですから――最近は変わってきたことを重々承知のうえで――、絶望している若者の眼前には、この高いハードルが聳えていて、絶望の度を増大させるのです。

4　地上的なものについての絶望

次は「1　地上的なものについての、あるいは、地上的な或るものについての絶望」（九七頁）から、「b　自分が絶望であることを自覚している絶望」のうちの、「α　絶望して、自己自身であろうと欲しない場合、弱さの絶望」のうちの、さらに1です。端折って言えば、信仰をもっていると自認している人の「地上的なもの」についての絶望であって、じつは私はこれがもっともポピュラーな絶望の形態であると思っている。

これは純粋な直接性である、あるいは、いくらかの反省を含む直接性である。――ここには、自己についての、絶望が何であるかについての、あるいは自分の状態が絶望であることについての、無限な意識は存在しない。絶望は単なる受難であり、外部からの圧迫に屈することであり、行動として内部から表われることはけっしてない。

（九七頁）

「直接性」とはヘーゲルの用語であり、例えば『大論理学』の開始は「存在」ですが、ただ「ある」だけのこと。言いかえれば、「（意識によって）媒介されていない」こと。これを「絶望」に当てはめると、単純に試験に落ちて、あるいは失恋して絶望しているという事例であって、そこに少しは「反省」が交じっている。しかし、この段階ではまだ「無限の意識」である「自己における永遠なもの」、それを通してさらに神との関係が登場してこない。絶望を、ただ「外部から」降りかかってきた災難のようにとらえて、苦しんでいる段階です。

直接性の用いることばのうちに、自己とか絶望とかの語が出てくるのは、いってみれば、無邪気なことばの濫用であり、子供たちが兵隊ごっこをするのと同じような、ことばの遊戯なのである。

（九七頁）

ですから、この場合、当の者が「俺（私）は絶望している！」と叫んだとしても、本来は絶望でもなんでもなく、「無邪気なことばの濫用」にすぎず、「言葉の遊戯」にすぎない。と書いてみましたが、実際解説など必要なかったのであり、同じようにこの書の九八頁に入ってからしばらくのあいだは、すらすら読めるでしょう。よって、このあとは引用するだけにし、解説は省きます。

5 奇妙な倒錯

あるいは、これは現実にはかなり稀にしか見られないことではあるけれども、弁証法的には当然起こってよいことなのであるが、このような直接性の絶望は、直接的な人間があまりにも大きな幸せと呼んでいるものの場合にあらわれるのである。すなわち、直接性そのものはきわめて脆《もろ》いものであって、少しでも「度ヲ超エタモノ」が直接性に反省を要求すると、直接性は絶望におちいってしまうのである。

（九八―九九頁）

どうでしょうか？　「直接性の絶望は、直接的な人間があまりにも大きな幸せと呼んでいるものの場合にあらわれる」という意味がわかりますか？　この部分の解読を中心として右の引用箇所の解読を、対話のための課題にしましょう。

対話9

この文章は一見単純明快に読めます。「いかなる地上的なものを手に入れたとしても、その最大のものでさえ、永遠なものから見たら虚しい限りのものであることを知って絶望する」と。こういう方向の「図式」はさしあたり当てはまらない――とはいえ、あとでわかりますが、まったく的外れではない。なぜなら、ここでキルケゴールは「永遠なもの」をつゆほども自覚していない男の心理状態を考えているからです。

とはいえ思いきり「地上的な事柄」に眼を向けて、大切なものを得ると、それを失う不安を覚えるとか、例えば課長になるとかえって重荷が増して気が滅入るという事例に沿った解釈は間違ってはいませんが、キルケゴールの「絶望論」の事例としてはまたもや適切ではない。

というのは、キルケゴールはこの書で、「地上的なものに対する、あるいは自己自身についての絶望」と「永遠なものに対する絶望」とを区別していますが、両者はまったく関係がないのではなく、まさに弁証法的（否定的自己）関係があるからです。キルケゴールはいきおい両者の差異ばかり強調しますが、じつのところ両者が深いところで通底していることを前提している。

キルケゴールはあらゆる人間を（真の）キリスト者と異教徒とに二分しているのですが、これと並ぶもう一つの信念があって、それはすべての人間は（真の）キリスト者になりうるという信念、可能的にはキリスト者だという信念です。でなければ、なぜこんな危険な本を書いて出版するのでしょうか？　身体がもたなくなるまで、デンマーク国教会と闘争するのでしょうか？　自分の信念をすべての可能的な（真の）キリスト者に向けて「布教」し、現実的な（真の）キリスト者になってもらいたいからです。

さて、何を私は言いたいのか？　この直接性の段階で「絶望している」と思い込んでいる男の絶望が真の絶望でないことはたしかなのですが、しかし彼が人間（実存）である限り、その「大きな幸せ」に付きまとう「絶望（まがいのもの）」の原因にかすかに気づいているということ――これから話はこういう方向に進んでいきます。

はじめの「これは現実にはかなり稀にしか見られないことではあるけれども、弁証法的には当然起こってよいことなのである」とは、こういう文脈で読むべきでしょう。事実的には稀ですが、人間（実存）としては「弁証法的には〔論理的には＝本来的には〕当然起こってよい〔起こるべき〕」ことなのです。

そう考えると、いちばんわかりやすいのは、幸福の絶頂にあるとき襲ってくる得体の知れない「不安」でしょうか？　私の学生時代にはやった「神田川」というフォークソングのなかに次の台詞があります。「……何も怖くなかった、ただ、あなたのやさしさが怖かった……」。つまり、「あなたのやさしさ」がいずれ消えてしまうことが怖かったということなのですが、このとき、じつは「すべて」がいずれ消えることを怖れている。すなわち「永遠なもの」にすでに気づいているのです。

このあたりに、キルケゴールにおける「愛と信仰の近さ」という問題があるのです。

このようにして彼は絶望する、つまり奇妙な倒錯によって、また完全な自己韜晦《とうかい》において、彼はそれを絶望と称するのである。しかし、絶望するとは永遠なものを失うことである――しかも彼はこの喪失についてはまるで問題にせず、そんなことは夢想もしないのである。（九九頁）

「奇妙な倒錯」と「完全な自己韜晦」とは何か？　キルケゴールからしたら、「自己のなかの永遠なもの」にかかわらない絶望は本来的絶望ではないのですが、とはいえ人は、とくに仕事でいきづまったり人間関係でいきづまったりすると——やはりキルケゴールによれば、「地上的なもの」なのですが——、身が裂かれるほど苦しみます。

実は私は、芥川や太宰や三島の「生きる苦しみ」の理由がよくわからない——みな、自殺しました。たぶん、彼らは神経があまりにも鋭敏であるがゆえに生きにくいのでしょうが。しかし、そのすべてを汲み取ったとしても、やはり彼らの絶望は「奇妙な倒錯」にほかならない、と私はキルケゴールとともに思ってしまう。「自己韜晦」は、まあ「自己欺瞞」と言いかえてよく、彼らの「生きる苦しみ」の背後には、苦しんでいない人に対する軽蔑と、苦しんでいる自分に対する自負心とがあります。

もっと単純な例を挙げれば、「人生不可解」と書き記して華厳の滝から投身自殺した藤村操も、「純粋さを保つために」逗子の海に入水自殺した原口統三も、「奇妙な倒錯」と「自己韜晦」に突き動かされたのだと思います。そして、キルケゴールの眼から見たら、やはり、彼らはどんなに深刻であっても、「永遠なものを失うこと」については「まるで問題にせず、そんなことは夢想もしない」のです。

地上的なものを失うことは、それだけでは、絶望することではない。しかるに彼が問題にするのはそのことであり、それを彼は絶望と称するのである。彼の語ることは或る意味で真である、ただし、彼がそれを理解しているような意味では真でないだけのことである。彼はさかさまの位置にある、そこで彼の言うこともさかさまに理解されなければならない。（九九頁）

「地上的なものを失う」という表現を理解するには、株で大損して絶望するとか、家が全焼して絶望するという物的例より、むしろ精神的例のほうがキルケゴールの意図をとらえやすい。それは、ありとあらゆる――永遠なものではない――精神的な地上の宝を失うことによる絶望です。この次に、キルケゴールは親切にもさかさまの事例を引いて説明してくれています。

彼は立って、絶望でもないものを指さし、自分は絶望しているのだと説明する、ところがそのあいだに、彼の知らぬまに、彼の背後から絶望がまぎれもなく顔を出しているのである。それはちょうど、人が市役所兼裁判所である建物に背を向けて立ちながら、自分のまん前を指さして、あそこにあるのが市役所兼裁判所です、と言うようなものである。その男の言うとおりなので、その建物は確かにそこにあるのである――ただし、彼が回れ右をした場合のことである。
（九九頁）

この譬えは、単に滑稽なのではなく、私にはどことなく憐れでわずかに不気味な感じさえするのですが、いかがでしょうか？

彼は絶望してはいない、彼が絶望しているということは真実ではない、しかも、彼が絶望していると言うとき、そのことばは正しくもあるのである。しかし、彼は絶望していると自称し、自分自身を死んだもののように、自分自身の影のように見ている。ところが実は、彼は死んではおらず、彼という人間のなかには、いってみれば、まだ生命があるのである。（九九―一〇〇頁）

「地上的なものを失った」者は、それがどんなに真摯であっても過酷であっても、キルケゴールにとっては「真実ではない」。彼は「自分自身を死んだもののように、自分自身の影のように見ている」のですが、「実は、彼は死んでは」いないのです。なぜなら、彼は何らかの仕方で失ったものを取り戻せば、たちまち息を吹き返すからです。

右には小説家を挙げましたが、ここでは芸術家について考えてみましょう。私は、「芸術家の苦悩」を認めないので、それをここにあてはめてみると、じつによくわかる。世間では、有名な画家とか彫刻家、作曲家とか演奏家しか目につかないのですが、ほとんど評価されずまったくの無名であって、ただ「制作している」だけの画家、ただ「演奏している」だけのピアニストはゴマンといます。あるいは、その下には、夢破れて表現活動を諦めたこれまた膨大な人々がいる。

そこで、もし突然に一切のものが姿を変え、一切の外的なものが改まり、願いが満たされることにでもなれば、生命が彼らのうちによみがえり、直接性はふたたび立ち上がり、彼は新たに生きはじめるであろう。絶望して気絶する、これが直接性の知っている唯一の戦術であり、直接性の知っている唯一のものである——ところが直接性は、絶望が何であるかについてほとんど知るところがない。

（一〇〇頁）

こうした人々の多くは、自分の才能や不運に絶望しているのですが、ちょっと風向きが変わってチャンスがめぐってくる気配がするや否や、あっという間に絶望から立ち直る。ある展覧会で賞に選ばれるや否や、あるコンクールに入選するや否や、それまで「死んだようなふり」をしていた不遇の芸術家は生き始めるのです。そして、またスランプが続くと「死んだようなふり」をする。

直接性は、絶望して気絶し、それから、まるで死んでしまったかのようにじっと横たわる。それは「死んでねている」演技にもなぞらえられる。この直接性のやり口は、じっと横になって死んだようなふりをするよりほかに何の武器も防禦手段も持たない或る種の下等動物に似ている。

（一〇〇頁）

説明の要はないでしょう。これを書いているとき、キルケゴールはあの顔この顔を思い浮かべながら、――何度も同じ表現で恐縮なのですが、どうしてもこれがキルケゴールの笑い方のようなので――クックと笑っていたような気がします。

そのうちに時が過ぎる。そして外からの助けが来れば、この絶望者の生命もよみがえってくる、彼は彼がやめたところから始める、彼は自己ではなかったし、彼は自己になったこともない、彼はただ直接的に規定されたまま生きのびてゆくだけのことである。

（一〇〇頁）

主張は、これまでと同じですが、「彼は彼がやめたところから始める、彼は自己ではなかったし、彼は自己になったこともない」とは、何度挫折してもまた「外からの助け」によって息を吹き返し、これを繰り返すだけでまるで成長しないということ。絶望をけっして「自己になる」チャンスとしてとらえないということです。

もし外からの助けが来ない場合には、実際にはしばしばなにか別のことが起こってくる。その場合にも、絶望者の体内に生命がよみがえってはくるが、しかし彼は「自分はもはやけっして自分自身にはならない」と言うのである。そこで彼は人生についてわずかばかりの分別を手に入れ、ほかの人々の処世法を真似ることを覚え——そのようにして、彼もまた生活してゆく。キリスト教界にあっては、彼は同時にキリスト者でもあり、日曜ごとに教会へ行き、牧師の話を聞いて理解する。いや、彼らはお互いに諒解し合っているのだ。彼が死ぬ、すると牧師は十リグスダーラーで彼を永遠に連れていってくれるというわけなのだ——けれども、彼は自己ではなかったし、また彼は自己となったこともなかったのである。

（一〇〇—一〇一頁）

さて、何のことでしょうか？　どこか、突っぱねた皮肉な口調です。つまりキルケゴールがこうあって欲しくないという生き方であることはわかると思います。先の事例をそのまま使うと、こうしてやはり画家としてやっていくこと、演奏家としてやっていくことが、ほとんど不可能となったとき——油絵やピアノで生活できなくなったとき、それを続ける気力がなくなったとき——、彼は芸術家の人生を最終的に諦めるのですが、それでも納得する理由をどこかから見つけてくる。

そして、「人生についてわずかばかりの分別を手に入れ」、地道な生活をする方向に急カーブを切る。あの不遇な芸術家の絶望は、「自己になる」いいチャンスだったのに、あっという間にそこから遠ざかる。そして、「とにかく生きなければ」と自分に言い聞かせて、「彼もまた生活していく」のです。

この後、段落の終わりまでは、解説しなくてもいいでしょう。こうして、人生に「自己になる」チャンスはいくらでもあったのに、彼はそれをことごとく見過ごして、表面的なクリスチャンとして、満足して（?）死んでいくというわけです。こういう人生だけは送りたくない、というキルケゴールの思いがひしひしと伝わってくるのではないでしょうか。

6 純粋な直接性

まだまだ「地上的なものについての絶望」の分析は続きます。

この形態の絶望は、絶望して自己自身であろうと欲しないこと、あるいはもっと低い場合は、絶望して一個の自己であろうと欲しないことである、あるいはもっとも低い場合は、絶望して自己自身とは別のものであろうと欲すること、新しい自己たろうと願うことである。（一〇一頁）

ここで、なおもキルケゴールは「絶望して自己自身であろうと欲しないこと」を論じていますが、言いたいことは最後の「もっとも低い場合」、すなわち「自己自身とは別のものであろうと欲すること」です。これもいろいろなレベルが考えられますが、自分の一部を否定して別のものになりたいというのはごく普通のこと。もっとカッコよくなりたいとか、頭がよくなりたいとか……。

しかし、誰でも「部分とっかえ」は不可能だと知りながら、ちらりと頭に浮かびますが、「全《ぜん》とっかえ」となると、つきつめるとわからなくなる。そして、多くの人はそれを心からは望まないというところに落ち着くのではないでしょうか。なぜならそれが自分だからです。

けれども、ここでキルケゴールが挙げている「もっとも低い場合」は、真剣にそれを望む人の願望です。キルケゴールはこの願望を「無限に喜劇的である」（一〇二頁）と断じていますが、そうは言っても、涙が出るほど「悲惨な喜劇」であることもわかっている。たしかに、この願望は「自分がなくなってしまいたい」という願望に無限に似ているわけですから。

しかも、私の経験では、自己愛の烈《はげ》しい人ほどこういう「悲惨な喜劇」を演じることが多く、自己愛が希薄な人——私にとっては怪物のように異様な人です——は、こうした願望をほとんどもたない、という弁証法的関係（？）になっている。このあたりに人間存在（実存）の秘密が潜んでいます。

さて、この書の次から一〇二頁三行目にかけては、またキルケゴールの「陽気なおしゃべり」が続きますが、読めばわかるので引用するだけで、解説はごく簡単に済ませましょう。ただ、こうしたおしゃべりに彩《いろど》られた箇所で、キルケゴールは何気ないそぶりをして、そこに潜む問題の本質を鋭く突いていています。

直接性はもともと自己をもっておらず、自己自身を知らず、したがってまた、自己自身をそれと見分けることもできない、そのためにそれはとかくお伽話の世界のなかで終わりがちである。直接性は、絶望するとき、自分がならなかったものになっていたらと願ったり夢見たりするだけの自己をさえも持ってはいないのである。そこで直接的な人は、別の方法に訴える、つまり、別の人間になりたいと願うのである。これは、直接的な人たちを観察してみれば、わけなく納得のゆくことであろう。絶望の瞬間における彼らにとっては、別の人間になっていたらとか、別の人間になりたいとかいう願望ほどさしせまった願いはない。しかしいずれにしても、そのような絶望者を見ては、人は微笑《ほほえ》まずにはいられない。それは、彼が絶望してはいるけれども、人間的にいえば、実にとても無邪気だからである。たいていの場合、そのような絶望者は無限に喜劇的である。ひとつの自己を考えてみられるがいい（神のつぎには、自己ほど永遠なものはない）、そして自己が、誰か——自己自身とは——別の者にならせてもらうことはできないものかと思いついたとしてみる。ところが、そのような絶望者は、あらゆる途方もない変化のうちでもいちばん途方もないそういう変化を、唯一の願いとしておりながら、その変化がまるで上衣を着かえるみたいに造作なくできるものだと思い込みたがるのである。それというのも、直接的な人は自己自身を知らず、まったく文字どおりに、上衣を着た自己自身だけしか知らず、（そしてここにまた無限の喜劇性があるのだが）ただ外面だけで自己をもっていると思っているのだからである。これ以上にこっけいな混同というものはそうめったにあるものでない。なぜかというに、自己とはまさに外面性とは無限に異なったものだからである。ところで、絶望者にとって外面性全体が変わり、それで彼は絶望したのであるから、そこで彼は一歩を進めて、たとえばこんなふうに考え、それが彼の願望となる。つまり、自分が別の人間になれて、新しい自己を新調できたらどうだろう、と。ほんとに、もし彼が別の人間になったとしたら、どうであろう——そしたら、彼に自分の見分けがつくものだろうか？　（一〇一—一〇二頁）

この文章は一見単純そうな外見をしている。自分自身を上衣のように着替えることができないことは、誰でも知っている。しかし、その背景を見通してもらいたい。なぜ着替えられないのか？　私、あるいはいかなる人間も、「この上衣」を作ったように「この私」を作ったのではないからです。なお、キルケゴールがセムシであることは「上衣」ではなく「自分自身」ですが、原因はたぶん「神」なのですが、しかも彼にはその意図がわからないのです。このあと恐ろしくまぬけな農民の話が続きます

（訳注〔桝田注（103）〕参照）。

こういう話がある。或る農夫がはだしで町へやってきて、その町でたくさんのお金をかせいだので、一足の靴下と靴を買ったが、それでもなお飲んで酔えるだけのものが残った――さて話はこうなのだ、酔っぱらって家に帰る途中、彼は往来のまんなかに横になってぐっすり眠り込んでしまった。そこへ一台の馬車が通りかかって、馭者が、そこをどかないと足をひいてしまうぞ、と彼にどなりつけた。酔っぱらった農夫は目をさまし、自分の足を見た、ところが、靴下と靴をはいているために、彼はそれが自分の足だと見分けがつかないで、こう言ったというのである、いいから車をやるがいい、それはおれの足じゃねえや。直接的な人間が絶望している場合もこれと同じで、彼をありのままに描き出そうとすれば、どうしても喜劇的とならざるをえない。わたしに言わせてもらえば、そのような唐人の寝言みたいな話に、自己とか絶望とかを云々すること自体が、すでに一種の曲芸なのである。

（一〇二―一〇三頁）

ずっと考えてきたのですが、キルケゴールはなぜこの書にこういう「バカ話」を長々と挿入するのか？ それは、たぶん、絶望を真剣に考えない人、すなわち真剣に生きていない人（その典型例はデンマーク国教会に集う敬虔なクリスチャンたち）の阿呆らしさをアイロニカルに表現するためでしょう。彼らは、これほど常軌を逸して滑稽だと言いたいのでしょう。

四　直接性の生態

1　反省をうちに含んでいる直接性

ここからあと、キルケゴールは直接性が反省を含む類型について語っています。

直接性が反省をうちに含んでいると考えられる場合には、絶望の様相は少し違ってくる。そこでは、自己についての意識がいくらか増してくるし、それにつれてまた、絶望が何であるかについての意識も、そのような人間の状態が絶望であることについての意識も、いくらか増してくる。そのような人間が自分は絶望していると語ることにも、いくらかの意味が出てくる。しかしその絶望は、本質的に、弱さの絶望であり、一つの受動であって、絶望して自己自身であろうと欲しない、というのがその形態である。

（一〇三頁）

これは、普通の「まじめな近・現代人（とくに現代日本人）」の人生に対する態度のように思われます。よって、あまり解説することはない。いつも自分は何をすべきかを真剣に考えていて、しかも自分の能力をいつも反省的にとらえていて、これまで自分が実際にしたこと、その失敗、その成功を誠実に反省し、未来の次の行為に備える……というまじめな、まさに「秀才タイプ」の人生への態度です。

私自身そういうところがある人間ですので、それに対する自己嫌悪も烈しく、ときどき意図的に壊そうとするのですが、油断しているとまたまじめで反省的な生き方に戻ってしまう。哲学塾一五年ですが、自分の講義は一回も休んだことはなく、通信教育は、これまで、総数で三〇〇回はしているでしょうが、ただの一回も遅れたことがない。「からだ」がそのように動いてしまうのですね。閑話休題。だから、こういう人間は自分の失敗に対して天地が裂けるほどの衝撃を受ける。以下のキルケゴールの説明は身に沁みてよくわかります。

純粋な直接性に比べてこの種の直接性が進んでいることがただちに明らかになる点は、絶望が必ずしも外からの打撃によって、何かがふりかかってくることによって生じるのではなく、自分のうちにおける反省そのものによって引き起こされることができるということ、したがって絶望が、この場合には、単なる受動や外的事情への屈伏ではなくて、或る程度まで自己活動であり行動である、ということである。

（一〇三―一〇四頁）

私は失敗すると、それをとことん身体がもたなくなるまでも考え続ける。場合によっては一〇年でも五〇年でも考える。しかも、私はいまでも（七〇年近く経っても）小学校低学年のときに自分がしたことや言ったことを、「ああすればよかった、こう言えばよかった」と反省している。だから、「この場合には、〔絶望は〕単なる受動や外的事情への屈服ではなくて、或る程度まで自己活動であり行動である」のです。

ここには、もちろん、或る程度の反省が含まれており、したがって、自分の自己に対する或る程度の省察がある。この或る程度の自己反省とともに分離作用がはじまり、それによって、自己は、環境や外界とその影響とから本質的に区別されたものとして自己自身に注目するにいたるのである。しかしここでは、それは或る程度までのことにすぎない。（一〇四頁）

このあたりは、サルトルの「対自（pour soi）」としての人間分析そのものです。「環境や外界とその影響とから本質的に区別されたものとして自己自身に注目するにいたる」のは、サルトルにとってぎりぎり「正しい」生き方なのですが、キルケゴールにとっては、「自己のなかの永遠なもの」を抹殺したうえでの生き方なのですから、そのうえでの「反省」は、いかに真摯であっても、所詮「或る程度までのことにすぎない」というわけです。これからあとのキルケゴールの語調は、あたかも「自己における永遠なもの」を頑なに拒否しているサルトルを相手に語っているかのように、冴え渡り、熱を帯びてきます。

ところが自己が或る程度の自己反省によって自己を引き受けようとすると、おそらく、自己の組織のなかで、自己の必然性のなかで、いろいろと困難に突き当たるであろう。なぜかというに、いかなる人間の肉体も完全でないように、いかなる自己も完全ではないからである。この困難がどのようなものであろうとも、この困難が彼を尻込みさせる。（一〇四頁）

ここでキルケゴールは「自己（Selbst）」という言葉をはじめから使っていますが、この言葉はこの書の本文の冒頭、「人間は精神である。しかし、精神とは何であるか？　精神とは自己である。しかし、自己とは何であるか？　自己とは、ひとつの関係、その関係それ自身に関係する関係である」（二七頁）において宣言しているように、はじめから「永遠なもの」との関係にある「精神（Geist）」を意味している。

　これが、先に私がちょっと触れたことであって、すべての人間は（真の）クリスチャンと異教徒とに区分されるのですが、可能的にはすべてクリスチャンである。このことを言いかえれば、すべての人間は生まれたときから可能的には「精神」であるわけです。

　すなわち、この段階の「反省をうちに含んでいる絶望」は完全なものになりたいが、なれないことを悟ることによる絶望ですから、その典型はファウストでしょうか？　あるいはニーチェは、「自分が不完全であることを知りながら、完全なもの（神）の存在を認めることは耐え難い。よって神は存在しない」という凄まじい「神の不存在証明」を呈示しました。サルトルはこの線上にあると言っていいでしょう。彼は自分が不完全な人間存在「である」こと——とくに肉体をもっていること——に堪えられなかった、これが彼の絶望であり、このことが彼から生きていく気力を殺《そ》ぐ、まさに生きていくことに対して彼を「尻込みさせる」のです。

> あるいは、彼が自己反省によっておこなったよりももっと深刻に彼のうちにある直接性を打破するようなものが、彼に起こってくる、あるいは、彼の想像力は、表われでもしたら直接性との絶縁となるような可能性を、発見するのである。
> かくして彼は絶望する。彼の絶望は弱さの絶望であり、自己の受動であり、自己主張の絶望とは反対のものである。しかし彼は、彼のもっている相対的な自己反省の助けを借りて、自分の自己

を守ろうと試みる、そしてこの点にまた、純粋に直接的な人との異なりがある。（一〇四頁）

この箇所、そしてこれに続く箇所は、人間心理をその襞にいたるまで精緻にとらえることのできるキルケゴールの才知が光っているところであって、この書でも白眉と言える箇所でしょう。この部分を対話のための課題にしましょう。このあとから、次頁の段落の区切りにかけてキルケゴールは、このテーマの頂点に向けて加速度的に駆け上がるのですが、そこは比較的わかりやすい。この箇所はその直前の部分であって、微妙な言い回しをそのまま掬いとる技が要求される、ちょっと油断すると、他の図式に絡め取られてしまう危険がありますから、よくよく注意して、その弁証法的構造を辿っていかねばなりません。

対話 10

これは、「α　絶望して、自己自身であろうと欲しない場合　弱さの絶望」のうち、「1　地上的なものについての、あるいは、地上的な或るものについての絶望」のうちにありながら、「直接性が反省をうちに含んでいると考えられる場合」であって、次の「2　永遠なものに対する絶望、あるいは、自己自身についての絶望」に踏み込んではいないが、近づいている段階です。回答する場合には、まずこの正確な位置をしっかりおさえておく必要がある。

すなわち、この段階は、「自分のうちにおける反省そのものによって引き起こされる」（一〇三頁）

のであって、「或る程度まで自己活動であり行動である」（一〇三―一〇四頁）わけです。そのうえで右の引用箇所を読んでみると、この段階は、単なる地上的なものに対する受動的な絶望、すなわち「純粋な直接性」の絶望ではなくて、「自己反省」が交じっているのですが、それが「もっと深刻に彼のうちにある直接性を打破するようなもの」、すなわち「表われでもしたら直接性との絶縁となるような可能性」をもっているもの、言いかえれば「表われない」からその可能性がないだけのものなのです。

そう言った後でキルケゴールは、しかしこの段階の絶望はあらためて「自己の受動であり、自己主張の絶望〔2　永遠なものに対する絶望、あるいは、自己自身についての絶望〕とは反対のものである」と釘を刺す。しかし、それでも「純粋に直接的な人」とは異なって、「自分の自己を守ろうと試みる」のです。

この課題で私が要求したのは、まず、この段階を記述するこうした弁証法的な動きを正確に捉えることです。そして、次に具体的に事例に沿って考えてみる。すると、ほとんど「自己自身についての絶望」の段階にありながら、あえてその段階にいたることを「自分のうちにおける反省そのものによって」食い止めている段階であることがわかる。さて、ここまで「解凍」してから、キルケゴールがここで具体的に何を考えているかを思い浮かべるのです。

すると、例えばキルケゴールが牧師になろうとしてもどうしてもなれないこと、レギーネとの結婚に踏み込もうとしてもどうしてもできないこと……、は外的事情ではなく、「自分のうちにおける反省そのものによってひき起こされる」こと、「或る程度まで自己活動であり行動である」ことが自覚されてくる。しかし、そうしても、あくまでも宙ぶらりんの状態を維持して「自分の自己を守ろうと試みる」のです。

これは、キルケゴールの言葉では「自己自身についての絶望」であって、「この絶望的状況を解明したい」という叫び声です。しかし、彼はこの自分自身の叫び声を聞かないように、聞かないようにし、自分を騙し通して、心の底ではにっちもさっちもいかなくなり、自分が倒れることを期待していた。そして、倒れたのです。

すなわち、彼は、一見、地上的なもの（将来の職業）に悩んでいたようですが、そこには「自己自身における永遠なもの」が絡んでいることをうすうす感じていた。しかし、まだ（恐ろしくて）ぐいとそちらに顔を向けることができなかった、そういう段階なのです。

2　直接性に反省が交じりこんでいる段階

彼は自己を放棄することはとにかくたいへんなことだということを心得ている、それだから彼は直接的な人のように卒中の発作に襲われはしない。自己を失わずとも失えるものがたくさんあることを、彼は反省の助けによって理解しているのである。彼はそれを認めている、彼にはそれができるのである、なぜであろうか？　彼が或る程度まで自分の自己を外界から切り離したからであり、彼が漠然とながらも、自己のうちにはなお何か永遠なものが存在するにちがいないという観念をもっているからである。

（一〇四―一〇五頁）

ここは、課題の続きの箇所ですから、比較的よくわかるでしょう。キルケゴールは、こうして「α　絶望して、自己自身であろうと欲しない場合　弱さの絶望」のうち「1　地上的なものについての、あるいは、地上的な或るものについての絶望」と「2　永遠なものに対する絶望、あるいは、自己自身についての絶望」の「あいだ」の段階に相当こだわっている。というのも、この段階こそ、真摯に生きようとするとき、もっともわれわれが体験することだからでしょう。

私がいま絶望していることは、単なる状況の変化によって解決するものではないらしい。しかし、やはり「さしあたり」金を稼がねば、生活しなければ……、ともっとも重要な問題を先に先に引き延ばしていく。そして、気がついたら死の床にいるというわけです。

この段階にいたった者は、もはや自己を取り替えようとはしない。「彼は自己を放棄することはとにかくたいへんなことだということを心得ている」からです。ここで重要なことは、「自己」という言葉を、通俗的なキリスト教の教義（パウロ主義？）のように、世俗的な自己と永遠の自己というふうに二重化してとらえてはならない、世俗的な自己を捨てて永遠の自己を獲得すると考えてはならないということ。むしろこのどうしようもない世俗的な自己が、すなわち永遠な自己なのです。「卒中」とは「絶望して気絶する」（一〇〇頁）こと。純粋に直接的な人は、絶望を「そと」からの衝撃と考えているので、しばらく気絶して寝ていて衝撃が去るまで様子を見るのです。

このあとの文章、「自己を失わずとも失えるものがたくさんあることを、彼は反省の助けによって理解しているのである」は、このままではわかりにくいでしょう。ちなみに他の訳を見てみると、かなりニュアンスが違います。

① 多くのものを失ってもなお自己を失わないでいることがありうることを彼は反省の助けを借り

て理解している。

（斎藤信治訳、岩波文庫、八九頁）

②　彼は自己のことを失わないようにすれば、他に失ってしまいうるものがたくさんあるということを、反省のおかげで理解しているのである。

（鈴木祐丞訳、講談社学術文庫、九六頁）

①と②は同じことを、別の観点から言っているだけなのですが、いわば原因と結果が逆になっているため、まったく違った印象を与えます。判定は難しいのですが、ドイツ語訳などを参照すると、②のほうが原文に近く、またキルケゴールの言いたいことに的中しているような気がします。「他に失ってしまいうるものがたくさんある」からこそ、彼は「自己を失わないようにする」ことに専念できないのですから。

そのあと、「彼が漠然とながらも、自己のうちにはなお何か永遠なものが存在するにちがいないという観念をもっているから」、彼は「できる」のです。

3　無限な自己の最初の形態

しかし、彼のそのような戦いも空しい。彼の突き当たった困難は全直接性との絶縁を要求するが、その要求に応ずるには、彼に、それだけの自己反省ないし倫理的反省が欠けているのである。彼は一切の外的なものからの無限の抽象によって獲得される自己というものについて意識をもっていない。このような自己は、外衣をまとった直接性の自己とは反対に、はだかの、抽象的な自己であって、ここに無限な自己の最初の形態があり、自己がその現実的な自己をそのさまざまな難点や長所もろともに無限に引き受ける全過程における推進力があるのである

（一〇五頁）

まず「しかし」ときて、また「その戦いも空しい」と舞い戻りする。その歩みのジグザグには苛々するほど。彼は「全直接性との絶縁」になかなか踏み込めないのです。その理由として「自己反省」が欠けているのはいいのですが、「倫理的反省」が欠けているとはいかなることか？

前にも書いた覚えがありますが、キルケゴールは、人生航路には直接的段階→倫理的段階→宗教的段階という三段階があると想定し、それぞれに、ドン・ファン、立派な市民、キリスト者というモデルを立てる。

しかし、右の引用箇所では、むしろ倫理的段階が「宗教的段階への予備段階」という意味でとらえられている。ですから、そのあとでは、その予備段階における「自己」のあり方が記述されている。それは、「一切の外的なものからの無限の抽象によって獲得される自己」であり、「外衣をまとった直接性の自己とは反対に、はだかの、抽象的な自己」であり、「〔宗教的段階における〕無限な自己の最初の形態」なのです。

「直接性の自己」は、自分の欲望にがんじがらめになった自己ですから具体的であり、「宗教的段階の自己」もキリスト者として無限なもの（神）を自覚している具体的な自己ですが、この中間段階は、前者から抜け出しながら後者にいたらない「抽象的な自己」なのです。

かくして彼は絶望する、そして彼の絶望は自己自身であろうと欲しないことである。しかしもちろん、彼は別の人間になりたいなどという笑うべきことを思いつくわけではない。彼は自分の自己に対する関係を保持しており、その限りにおいて、反省が彼を自己に結び付けている。その場合、彼の自己に対する関係は、或る男の自分の住居に対して起こりうる関係とそっくりである（自己の自己自身に対する関係は、むろん、ひとりの男の自分の住居に対する関係のような無責任なものではないという点に、喜劇的なものがある）、つまり、煙が立ちこめるので自分の住居がいやになるとか、そのほか何かの理由でおもしろくなくなるとかする、すると、彼は家を出てゆく、しかし彼は引っ越しをするわけでも、新居を借りるわけでもなく、彼はやはり今までの住居が自分の住居だと思っているのである。彼は住居がもとのとおりに居心地よくなるのを待っているだけなのである。

（一〇五—一〇六頁）

なお、ここであえて茶々を入れますと、引用中の（　）のなかは必要ない、というより、こんなあたりまえのことを丁寧に説明しているキルケゴールの鈍さに幻滅を感じます。

ここで、この「抽象的な自己」を止揚して上の段階に進んでも、キルケゴールの場合、さらに新たな絶望段階である、「β　絶望して、自己自身であろうと欲する絶望、反抗」にいたるのですが、「彼」はまだその跳躍をせずに、依然として「α　絶望して、自己自身であろうと欲しない場合、弱さの絶望」の段階のうち、「2　永遠なものに対する絶望、あるいは、自己自身についての絶望」に留まっている。

こうしてみると、この絶望段階にいる「彼」は、ここで取り上げている箇所のはじめから一歩も進んでいないことがわかります。「彼」は自分の絶望が地上的なものに完全に束縛されているのではなく、「無限な自己の最初の形態」のうちにあるのですが、そこに留まっている。

ここでふたたび私自身の体験から具体例を挙げれば、自分の進むべき道は「哲学」しかないことはわかっているのですが、そこに入ると、もうまともな世界に戻れないような気がして恐ろしい。大学の哲学教授になれればいいが、それはわからないし、もしかしたら路頭に迷うかもしれない。こう考えて、私は二〇歳のころ、「自分の自己に対する関係を保持しており、その限りにおいて、反省が彼〔私〕を自己に結び付けている」のですが、依然として「自己自身であろうと欲しない」段階に留まっていたのです。

4 内面への方向から逸れていく

さて、このあと住居の比喩が続きますが――キルケゴールは住居の比喩が好きです――、これは読めばすぐわかるでしょう。

絶望の場合も同じことである。困難がつづいているかぎり、彼は、独得な含意をもって言われるように、あえて自己自身のもとへ来ようとはしない、彼は自己自身であろうとは欲しないのである。しかし、そういう事態もおそらく過ぎ去るであろうし、おそらく事情も変わって、暗い可能性もたぶん忘れられることであろう。そのときがくるまで、彼は変化がおこったかどうかを調べるために、ただときどきいわば自分自身を訪ねてみるだけである。そして変化が起こるやいなや、彼はふたたび自家へ帰り、「ふたたび自己自身となる」と彼は言うのだが、しかしそれは、彼がやめたところから始める、というだけのことなのである、つまり、彼は或る程度まで自己であったし、そしていまもまたそれ以上のものにはならなかったのである。（一〇六頁）

さて、ここを対話のための課題にしましょう。

対話 11

ここでは、「この段階」を正確にとらえることが肝要です。キルケゴールの「段階」とは「絶望への段階」であり、それがすなわち「信仰への段階」だということ。ですから、「地上的な或るもの」（この書一〇八頁）——例えば作家としての成功——をもってきて、それがうまくいくか否かという視点だけでは不足です。「α 絶望して、自己であろうと欲しない」段階のうち、次の「α－2 永遠なものに対する絶望」の段階を予期しながらも、その手前の「α－1 地上的なものについての、あるいは、地上的な或るものについての絶望」という段階で足踏みしている独特の絶望状態をしっかりとらえることが必要です。

まず、しつこいようですが、キルケゴールはここで、「地上的な或るもの」についての成功・失敗の話をしているのではない。その段階はすでに超えているのであって、しかし次の段階には達していないという微妙な段階を——本章の「3 無限な自己の最初の形態」でも口を酸っぱくして言ったように——よく見て欲しい。

ですから、例えば作家になろうとして、なかなか芽が出ず、あるいは修行を怠っているが、「そういう事態〔スランプ状態〕も恐らく過ぎ去るであろうし、おそらく事情も変わって、暗い可能性もたぶん忘れられることであろう。そのときがくるまで、彼は変化が起こったかどうかを調べるために、ただときどき、いわばたびたび自分自身を訪ねてみる」という話に限定して回答するのでは、まったくポイントを外している。

つまりここで、キルケゴールの考えている「変化」とは、あくまでも絶望のα－1段階からα－2段階への変化であって、それを彼は期待しながら自分では能動的に何もしないのです。明日、癌が宣告されたら変化するかもしれない。いや、いまや仕事に対する嫌悪感が限界だから、あとしばらくすると変化するかもしれない、というような受動的態度しかとらない、というわけです。

この変化を生きがいがない仕事からある仕事への変化と考えるなら、これほどずれたことはない。キルケゴールの場合、信仰なくして、言いかえれば永遠の生命なくして、いかなる生きがいもありえないからです。

しかし、やはり普通の現代日本人である読者諸賢は、あれほど巻き返し繰り返し声を大にして言っているのに、キルケゴールの弁証法をなかなかわかってくれない。真の信仰とは、「地上的な或るもの」についての成功に——大学の哲学教授とか有名作家とか有名芸術家……のような精神的なものにさえ——、むしろ対立するものであって、まったくの乞食でも生活不能者でもいいのです——世俗的な犯罪者でもいいかもしれない。むしろ絶望の段階を上昇することは、世俗的な「りっぱな人物」（一〇七頁）から遠ざかり、堕落することだと見ればいいでしょう。

しかし、変化が起こらない場合には、彼はまた別の策を講じる。真に自己となるためには内面に向かって前進しなければならないはずなのに、彼はその内面への方向からすっかりそれてしまうのである。いっそう深い意味における自己に関する全問題が、彼の心の背景の一種の盲戸《めくらど》となり、その背景には何もないことにしてしまうのである。
（一〇六頁）

「彼」すなわち、何度でも言いますが、「α　絶望して、自己自身であろうと欲しない場合、弱さの絶望」のうち「1　地上的なものについての、あるいは、地上的な或るものについての絶望」と「2　永遠なものに対する絶望、あるいは、自己自身についての絶望」との「あいだ」の段階に留まっている人は、自分のなかでの根本的心境の「変化」を待つのですが、それが「起こらない場合」は、「そこに」自己自身になる道が開かれていることを知りながら、いや知っているからこそ、「いっそう深い意味における自己に関する全問題が、彼の心の背景の一種の盲戸となり〔その向こうを隠してしまい〕、その背景には何もないことにしてしまう」というわけです。そのうえで、「別の策を講じる」、すなわち内面以外のありとあらゆる仕方で、すなわち解決を「外のほうに向かって求める」のです。

彼は彼が自分のことばで自分の自己と呼んでいるものを、すなわち、彼に与えられているかもしれぬ能力や才能などを受け入れる、けれども彼はそれらすべてを外の方向へ向かって、生活のほうに向かって、それもいわゆる現実の生活、活動的な生活の方向に向かって、受け入れるのである。
（一〇六頁）

また私の個人的体験で恐縮ですが、「哲学」だけは盲戸を立てて見えないようにしたうえで、私はありとあらゆる「現実の生活、活動的な生活の方向に向かって」努力しました。すなわち、翻訳家になろうか、予備校教師として金を稼ごうか、それとも人聞きのいい知的な雰囲気の会社に入って趣味程度に哲学書を読んでいこうか……と。

しかし、いずれもダメだった。こうした「外の方向に向かって」の努力に挫折することによって、あらためて私は、自分には全身で哲学する道より他にないことがわかってきたのです。

5 わずかばかりの反省

彼は自分のうちにもちあわせているわずかばかりの反省をきわめて用心深く取り扱う。そのひとかけらの反省が、背後にあるものが、また顔を出しはしないかと恐れるのである。そうして彼は徐々にそれを忘れることに成功する。（二〇六―一〇七頁）

前の続きなのですが、右に述べたように、「β　絶望して、自己であろうと欲する」段階を拒否して、その手前の「α　絶望して、自己であろうと欲しない」段階で足踏みしている状態を、キルケゴールはこれでもかこれでもかと語り続ける。なぜなら、この段階こそ運命の分岐点であり、ここで多くの人は止まってしまうか、間違った方向に進んでしまうからです。

すなわち、これは「α―2　永遠なものに対する絶望」の段階がすぐそこに見える、きわめて重要な段階なのですが、多くの人はむしろそれを知っているがゆえに、その「変化」を恐れて後戻りしようとする。「そのひとかけらの〔世俗的〕反省が、背後にあるもの〔すなわち、真の自己〕が、また顔を出しはしないかと恐れる」のです。

「そうして」、とにかく明日から生きなければ、とにかく定職につかなければ、とにかく落伍者にならないように……と心して、「彼は徐々にそれを忘れることに成功する」。このあと、本来ならカットしてもいいのですが、キルケゴールがどうしても言いたいところであり、どうも多くの人にそのメッセージが伝わらないようなので、あえてすべて書き写しましょう。


年月が経つにつれて、そんなものは馬鹿馬鹿しいことにさえ思えてくる、ことに、現実生活に対する理解と能力をもつ他の有能で活動的な人たちとりっぱな交わりをしている場合には、そうである。なんとすばらしいことであろう！　（一〇七頁）

若いころ、私は「死の問題」に苦しみ、信仰に入ろうか、悟りの修行をしようかと真剣に考えながらも、「年月が経つにつれて、そんなものは馬鹿馬鹿しいことにさえ思えてくる」。とにかく、それは若さからきた未熟な考えであった、世のなかの分別を備えた大人たちは、死の問題を抱えながらも、もっと脚を地に据えて立派に生きている、やはり、俺は落伍者にはなりたくないのだ。社会的に成功したいのだ……、と考えるようになる。

あるいはそうでないまでも、地味でもいいから社会的に有益な自分でも納得できる仕事をして評価されたい……と考えて刻苦精励し、ある程度報われると——そうですね、四〇代前半くらいで——「現実生活に対する理解と能力をもつ他の有能で活動的な人たちとりっぱな交わりを」することが許されるようになる。その領域で「有能な若手」として一目置かれるということです。しかし、まさにこれが破滅への始まり。社会の階段を上昇するにつれて、ずんずん精神的には下降し、「真の自己」から遠ざかっていくのです。

彼はいまや、小説にあるように、すでに何年か幸福な結婚生活を送り、活動的で腕のある男であり、父であり市民であり、おそらく偉大な男でさえもあるだろう。家にあっては、召使たちから「ご主人さま」と呼ばれ、町では名士の一人である、彼の挙動は人格者の声望をあつめ、あるいは人物としての尊敬を呼び起こす、万目の見るところ、彼はりっぱな人物なのである。

（一〇七頁）

ここに描かれているのは、立派な親方とか船長というのではなく、真・善・美の追求にかかわるような精神的な仕事、すなわち成功した宗教家や教育者や学者や作家や芸術家でしょう。あるいは、現代でしたら、地球規模の環境問題や貧困問題や人権問題に身を挺して取り組んでいる――ノーベル平和賞の候補になるような――人々かもしれない。キルケゴールは、これはさしあたり「真の自己」（信仰）を見いだすこととはまったく関係がないと言っているのです。

私は、このことは骨の髄までわかるのであって、これまでノーベル賞や文化勲章の受賞者も、世界的演奏家も、世界的建築家も世界的画家も、いかなる平和運動家も社会活動家も、真の意味で「偉い」と思ったことがない――なぜなら、彼らの誰も「死の問題」を解決してくれないから。ですが、こうした感覚はずいぶん稀のようですね。

6 「牧師」という名の人食人種

このあとが、キルケゴールのもっとも言いたいことであって、これまではその前座というほどのもの。

キリスト教界にあっては彼はキリスト者であり（異教世界にあっては、彼は異教徒であり、オランダにあってはオランダ人であるのとまったく同じ意味で）、教養あるキリスト者の一人である。彼は魂の不滅の問題にしばしば没頭し、一度ならず牧師に向かって、そのような不滅というようなことがほんとに存在するのか、人ははたして自己自身を〔天国にあっても〕ふたたびそれと見分けるものなのかどうかを、ただしたこともあるのである。事実またこれは彼にとってまったく特別な関心事たらざるをえない問題なのである。なぜかというに、彼は自己をもっていないのだからである。（一〇七頁）

さて、この社会的に立派な男は、もちろんキリスト教国においては立派なキリスト教徒でなければならない。「異教世界にあっては、彼は異教徒であり、オランダにあってはオランダ人であるのとまったく同じ意味で」という箇所は皮肉が効いている。彼はたまたま両親がキリスト者だったからキリスト者であるだけです。

右にその「生態」がずらずら書いてある。彼は並みのキリスト者ではない。「魂の不滅の問題にしばしば没頭し、一度ならず牧師に向かって、そのような不滅というようなことがほんとに存在するのか」を真剣に訊ねるほど、熱心な、学識のある、妄信からはほど遠く、批判精神を兼ね備えた、知的かつ近代的（?）キリスト者なのです（訳注〔桝田注（105）〕を参照）。

こういう「彼」が「自己をもっていない」と、キルケゴールは声を大にして言いたい。なぜなら、魯鈍《ろどん》な目にはとても立派なキリスト者に見えるからです。

じつは、キルケゴールは、もっとも「悪い」のは、まさにこうした信徒を許している聖職者自身だと考えている。次の箇所はキルケゴールによるデンマーク国教会批判のパンフレット『瞬間』からですが、その言葉の激越さから彼の怒りが伝わってきます。

> 見よ、君の前に人食人種がいる。牧師という名の人食人種が！〔中略〕あなたがたは生きているときは同時代の蛆虫どもに食われ、〔中略〕そして死んでからは正真正銘の人食人種たる牧師が、あなたがたを食って生き始めるのです！
>
> （『瞬間』キルケゴール著作集第一九巻、松浪信三郎・泉治典訳、白水社、一九六四年、二三二頁）

あるいは次のところ。

> しかし、ここに抜け目なく、まったく巧妙に神をなぶることを知った人間がいて、いつも気づかれずに成功し、厚かましい俗物以上に地上の富や楽しみを手に入れ、しかも敬虔であって神をおそれる神の人であり、誠実そのものであるとすれば、人びとは彼をもてはやすのではないか。それはなぜか？　なぜなら、彼は二重の利益を収めているからである。財物――そして同時に栄光と後光としかるべき尊敬とを。
>
> （同書、二一〇頁）

どうも、キルケゴールを読むさいに、多くの現代日本人がついていけないのは、この発狂しかねないほどの彼の怒りではないか、と思われる。そして、私は——とくにウィーンで見かける——神父たちに怒りは覚えませんが、若いころから日本哲学界の重鎮たちのほとんどに対しては、蠅タタキで叩き潰したいような怒りを覚えていましたから、よくわかるのです。そのときから、私は学界で偉くならないように心掛けてきたせいか（?）、ずっと学界からは煙たがれ、崇高な哲学の名を汚すはぐれ者扱いをされてきましたから、そのことに関しては十分成功したと思っています。

この種の絶望を或る程度の諷刺を加味することなしに真実に描写することは不可能である。彼が自分は絶望したことがあるなどと言うとしたら、それは喜劇的なことである。彼が絶望を克服したつもりでいるその彼の状態がほかならぬ絶望であるとしたら、それは戦慄すべきことである。

（『死にいたる病』一〇七—一〇八頁）

この辺り、キルケゴールがいちばん語りたいこと、しかも「この種の絶望」の独特のやりきれなさ、おぞましさを、独特のニュアンスと陰影を込めて完全無比に語りたい。「この種の絶望」は、一方で「喜劇的なこと」であり、他方「戦慄すべきこと」なのです。

彼らは「絶望」についてまったく知らないのに、自分は絶望していると語り、さらにそれを克服したと語り、さらに念入りなことに、それもまた新たな絶望であることを自覚している、とわかったように語る。その言葉だけがから回りするだけなので、果てしない無知をさらけ出していることは、おかしくておかしくて笑いが止まらないのですが、笑いながらも、ふっとその無知の恐ろしさに身の毛がよだつ……という感じでしょうか。

世間でたいへんもてはやされている処世訓の根柢に、つまり、りっぱな忠告や賢明な格言、時世に順応せよとか、自分の運命を甘受せよとか、忘却の書物に書き込めとかいう、あらゆる処世知の寄せ集めの根柢に、よく考えてみると、危険が実はどこにあり、何が実は危険なのかということについての完全な無知蒙昧さがひそんでいるとしたら、それは、無限に喜劇的なことである。しかしこの倫理的な無知蒙昧は、また、戦慄すべきことでもある。（一〇八頁）

先の怒りに続く、ここを対話のための課題にしましょう。キルケゴールがこだわっている、彼らの「完全な無知蒙昧さ」とはいったい何なのでしょうか？

対話12

哲学の文章においては、その内容だけではなく、その文体（表現様式）も重要です。文章の論理的緻密さ、論理展開の見事さ、表現する言葉の豊かさ、美しさ、そして何より真摯さ、読者をぐいぐい引っ張っていく力……などにおいて、劣っているものと優れているものとでは、同じ内容を違った仕方で表現しているというのではなく、すでに内容それ自体が異なっている、といったほうがいいでしょう。

まず、キルケゴールがここで、「世間でたいへんもてはやされている処世訓」の一般論を論じているのではないこと。そのうちにずっと留まって解釈している限り、言われていることはわりと普通のことですから、キルケゴール固有の視点を見逃してしまう。キルケゴールは、まっすぐデンマークの国教会において牧師たちが語る言葉に向かっているのです。

いいでしょうか？　ほとんどの信者が教会に通い、牧師のお説教を聴くのは、「自己自身」を求めてではなく、さしあたりの身の回りの不幸を軽減してもらいたいからであり、牧師はこれらの要求に対して「あらゆる処世術の寄せ集め」をもって答える。キルケゴールはまさにこうしたバランスのとれた需給関係にこそ、「危険」が潜むと考えている。人々は人生の重荷を軽減してもらいたいために教会にいくのに、彼が提唱するのは、「さらに自己自身という重荷を背負え！」というのですから、そっぽを向かれるに決まっている。しかし、あらゆるラクになる道には危険が潜んでいる、自己欺瞞が、麻薬が潜んでいるということは、じつは多くの人がわかっているのではないでしょうか？

これを知らずに、麻薬を吸いに教会にいくとしたら、その「完全な無知蒙昧さ」にはあきれ果てて笑いが止まらない。笑いすぎて思わず涙が出るほどですが、そうしながら今度はその恐ろしさに「戦慄」を覚える。なぜかというと、みなわずかの処世訓という麻薬を得ただけで、「自己自身」すなわち「自己のなかの永遠なもの」にちらりとでも眼をやることなく死んでいき、そして永遠に救済されないのですから。

なお最後の二行、「それは、無限に喜劇的なことである。しかしこの倫理的な無知蒙昧は、また、戦慄すべきことでもある」という箇所は、ヘーゲルを——ヘーゲル一色に染め上げられたデンマーク国教会を——揶揄するときの口調です。とくに、ここで使われている「倫理的な無知蒙昧」という言い回しは、あくまでも「倫理〈共同体のなかで立派な人間になること＝ヘーゲル哲学の目標〉」の段階に留まっている「無知蒙昧」と読めます。

地上的なものについての絶望、あるいは地上的な或るものについての絶望は、もっとも一般的な種類の絶望であり、とりわけ、或る量の自己反省を伴った直接性という第二の形態のものがそうである。絶望が反省しぬかれている度が高くなれば高くなるほど、そのような絶望はだんだん稀にしか見られなくなり、またそのような絶望が世間に表われることもますます稀になってくる。しかし、このことは、たいていの人間は特に深く絶望に落ち込んでいるわけのものではないということを証明するだけであって、彼らが絶望していないということを証明するものではけっしてない。（一〇八頁）

もう一度確認すると、ここでキルケゴーは「α　地上的なものについての、あるいは地上的な或るものについての、絶望」のうち、「$\alpha-2$　永遠なものに対する絶望」の段階を予期しながらも、その手前の「$\alpha-1$　地上的な或るものについての絶望」を分析しているのですが、そのうち、さらにとくに自己反省が濃厚な場合を「或る量の自己反省を伴った直接性という第二の形態」と呼んで特別に扱っている。

これは大変きつい状態なので、つい人々はこれから逆戻りしてしまい、自己反省の希薄な絶望に安息所を求めるようになる。よって、この第二の形態は「稀にしか見られなく」なるのです。そうではなく、そのきつい「第二の形態」にしっかり留まれば、「α－2　永遠なものに対する絶望」へと進んでいけるのでしょうが……。

なお、こうした希薄な自己意識の段階にある者は、自分では絶望をほとんど自覚していなくても、「彼らが絶望していないことを証明するものではけっしてない」こと、これもいいですね。彼らが人間である限り、どんなに自己自身を隠して、気楽に生きている振りをしても、それもまた絶望だということです。

7　犯罪的な暇つぶし？

ほんの少しでも精神の規定のもとに生きている人間は、非常にわずかしかいない。いや、そういう生活をしてみようとする人さえけっして多くはないし、またそれを試みるものも、たいていは、すぐまたそれから離れ去っていくのである。（一〇八頁）

われわれがいま検討している絶望は、絶望の段階のうち「b　自分が絶望であることを自覚している絶望」なのですが、そのうち「α　絶望して、自己自身であろうと欲しない」段階であり、さらにそのうち「1　地上的なものについての絶望」であって、「2　永遠なものに対する絶望」になかなか踏み出せない段階です。

α－2が、「自己自身にについての絶望」と言いかえられていることから、「永遠なもの＝自己自身＝精神の規定」という等号が成立することについてはいいでしょう。キルケゴールの見立てでは、デンマーク国教会の牧師たちやそこに集う敬虔な信者たちを含めて、「そういう生活をしてみようとする人さえけっして多くはない」のであり、「またそれを試みるものも、たいていは、すぐまたそれから離れ去っていく」のですから、それを実現している人はほぼゼロになりそうです。

これが、多くの宗教改革者の心情であって、本物の信仰の規準をきわめて高くしているために、ほとんどすべての人が落第してしまう。こういう姿勢に、傲慢さと自分勝手さとを読みとるのは普通のことですが、宗教のみならず、哲学・思想・芸術などの革命的改革を目指す者の批判が向かっていくのは、その時代の権威を支えている人々ですから、自然に「こう」なっていく。デカルトも、ヒュームも、カントも、ヘーゲルも、ニーチェも、フッサールも、ハイデガーも、ヴィトゲンシュタインも、「こう」――すなわち自分一人が正しいという姿勢――でした。

こうして、哲学に限ると、青年が哲学を志したとき、はじめは押し寄せるあまりにも多様な考え方に圧倒される。そして、大波小波に翻弄されつつどれが真理なのか、客観的規準がまったくないことに気づく。しかし、何かにしがみつかなければ、この業界で生きていけない……ともがくのですが、修士論文くらいまでにこうした振動も収まりかけ、博士論文の段階でほぼ収まる、というのが大方の哲学研究者の「生態」のようです。

では、どうやって収まるかを反省してみると、なんとなく身体全体で納得できる、自分の生き方にフィットしている、……というのがホンネであって、要は相性がいいからです。博士課程を終えたあたりから、仲間たちの旗印も鮮明になっていって、一種のゲーム感覚で議論をしながら、他の旗印の者からやっつけられることもないが、やっつけることもないことを悟っていく。こうして、専門哲学（研究）者が誕生するのです。

しかし、――以上とは異なり――右に挙げた改革的哲学者たちは、いつまでたってもこうした「大人の態度」に移行せず、最後まで子供っぽく闘い続け……場合によっては討ち死にする。キルケゴールはその典型例でしょう。「あの考えもこの考えも適度にわかる」という薄汚れた専門家集団の空気を長く吸っていると、自説のみを確信し――人類で唯一、真理を洞察していると確信し――あらゆる敵を容赦せずに攻撃する……という下手な生き方は、目が洗われるように感動的です――が、私は、世間相手に大々的な闘争を展開する気力も失せているので、世間の端っこで塾を開いて、そこでひたすら勝手なことを語る、といういじましい老後を送っている次第です。閑話休題。

彼らは恐れることを学んだことがなく、当為ということを学んだこともなく、たとえ何事が起ころうとも、無頓着、限りなく無頓着なのである。それだから彼らは、彼ら自身の目にすでに矛盾と見えるものにはがまんができないのである。そういう矛盾というものは、それを周囲の世界に反映させてみると、いよいよきわだって映って見えるもので、実際、世間では、自己の魂の気遣いをするとか、精神であろうと欲するとかいうことは、暇つぶしと見られているのである。

（一〇九頁）

ここを対話のための課題にしましょう。ちょっとわかりにくい――足もとを滑らせやすい――のですが、右の革命的哲学者の生態を参考にして、とくにこの場合の「矛盾」とは何かを考えてみてください。

対話13

ここからの課題をめぐる解説はかなり長くなります。キルケゴール——いや、哲学書一般かもしれない——を読むとはどういうことか、このあたりでもう一度確認しておきたいので。

こういう文章をずっと読んでいくと、お定まりの危険が待ち構えている。それは、キルケゴールの構図がわかってくるので、その構図をなぞっただけの回答を出してしまうという危険です。しかし、キルケゴールはまさに命を懸けて一冊の本を書いたのであり、その内部には、同じ意味の文章はどこにもないはず。まったく同じ文章であれば、書かなくてもいいはずだからです。

ですから、ここまで慣れてくると、構図に呑み込まれないためにも、無理にでも細かい差異を見いだす訓練が必要かと思います。というのも、キルケゴールの考えを、「外部の権威ではなく、各人それぞれの『うち』に目を向けて、『そこ』に真実を見いだすこと……」と書いてしまうと、こうした考えは当時のデンマーク人にとっては衝撃的でしたが、現代日本人にとっては、「あたりまえ」のことに見えてしまうから。

そこで、「あたりまえ」に堕さないように注意し、思考において器用な方向——キルケゴールを読む際にもっとも不適——に言葉が滑らないように配慮して、全身で敵（デンマーク国教会、ヘーゲル学派）に立ち向かうキルケゴールの熱意を肌で感じ取って解読する必要があります。でないと、表面的には正しいことを書いているようですが、文章の緊張がまるでなく、まったく別のマガイものに変じてしまう。

課題の文章は、現代日本でも、職人や料理人や教育者や社会活動家など、何かに心血を賭けて挑み、開拓する人の人生訓にそのまま重なります。しかし、世間の大部分の人が身の安全だけを求めて、「たとえ何事が起ころうとも、無頓着、限りなく無頓着」に生きているのに、わざわざ困難な道を歩む生き方に完全に重なるのなら、キルケゴールを読む必要はない。

そこで、重ならないところに目印をつけて読んでいく必要がある。それは例えば、「彼らは恐れることを学んだことがなく」とか「当為」とか「矛盾」、あるいは「自己の魂の気遣い」とか「精神」という言葉に注目することでしょう。「恐れ」とは、キリスト教の神に対する恐れに限定され、「当為」や「矛盾」や「精神」は、ヘーゲルの意味（を変換したもの）に限定される。そして、「自己の魂の気遣い」はソクラテスの思想に限定される。

蘊蓄を傾けてこれらを細々と説明すれば立派な回答になるのですが、私がここで求めているのはそうではない。そうではなく、紋切型の人生訓に埋没せずに、キルケゴール固有の思想を瞬時も見失わないように、一流大工がこうこつと材木を叩いてそのよしあしをその音で見極めるように、文章を慎重に叩いて読み解くことです。

「恐れ」とは、『(旧約)聖書』「創世記」にある、アブラハムとイサクを題材としたキルケゴールの著作『おそれとおののき』にある「恐れ」です。神は、わが子さえ（理由なく――人間には理由を伝えずに）殺せと命ずる恐ろしいものなのです。日曜ごとに教会に通うよき市民たちは、このアブラハム物語に感激して涙し、しかし教会を出るとあっという間に忘れてしまう。わが身に同じことが降りかかってくる（かもしれない）ことなど想像だにしない。つまり、それを単なる感動的なお話ととらえていて、この「恐れ」を生きていない。

これを指針に進んでいくと、「当為（Sollen）」とは「〜すべき」ということであり、「おまえはイサクを殺すべきだ！」という神の命令であり、「矛盾」とはこの神の命令は、人間が（とくに善良な市民が）尊重し了解している合理性と完全に矛盾しているということ、クリスチャンであることは、これほど厳しいということです。

「自己の魂の気遣い」とは、ソクラテスにとって生命より大切であったのは「自己の魂」を汚れさせず純粋に保つことだということ。よって、不当な裁判により死刑になっても失うことはそれほどなく、ただ命が助かりたいために詭弁を駆使して心にもないことを語り続けるとしたら、「自己の魂」を汚れさせるという最大の禍いを招き寄せてしまう。だから、彼は自分が不利になっても真実しか語らず――これが『ソクラテスの弁明』――、死刑になったのです。キルケゴールはこのかぎり、自分をソクラテスと重ね合わせているところがあります。

そして、こうしたことを、まさにわが身に起こりうることとして真剣に思索することが、世間では「暇つぶしと見られている」というわけです。ここで「暇つぶし」には独特の意味があり、単に無駄だということではなくて、そんなことはすべて教会の牧師たちや神学者という専門家が日夜考えてくれているのだから、各人はそれに任せておけばいい、という感じでしょうか。

このあたりで考えてもらいたいのは、キルケゴールが善良な市民をバシバシと鞭打っているとき、読者はたぶん日曜ごとに教会に通う善良なクリスチャンたちに対して、キルケゴールと同じ「怒り」をもっていないでしょうから、尻馬に乗って善良な市民を攻撃するという怠惰な姿勢を反省すること、それこそ、キルケゴールがもっとも嫌う振舞いであって、むしろそれこそ自分の内面と照らし合わせて、「どうもよくわからない」という姿勢を保ってほしいのです。

単なる暇つぶしどころか、なんなら民法をもって罰せられてしかるべき許すべからず暇つぶし、とにかく、人間に対する一種の反逆として、つまらぬことに夢中になって時間を空費する傲慢な狂気として、軽蔑と嘲笑とをもって罰せられてしかるべき許しがたい暇つぶしと見られているのである。

（一〇九頁）

さて、「自己自身＝永遠なもの」に関わることが「暇つぶし」だといっても、ここで間違ってはならないことは、当時のデンマーク人が——現代日本人のように？——信仰そのものを単純に暇つぶしだと考えているのではないということ。信仰は教会や牧師が責任をもって実践しているのだから、それに任せればそれでよく、そのとき「絶望」を大々的に掲げてこうした権威には歯向かうのは犯罪行為であり、「傲慢な狂気」であって、「軽蔑と嘲笑とをもって罰せられてしかるべき許しがたい暇つぶし」だというわけです。

ところが、彼らの生活のうちにも、おそらくこれが彼らの最善の時と言っていいであろうが、彼らが内面への方向を取り始める瞬間がある。そうして彼らはおよそ第一の難関あたりまでやってくる。がしかし、彼らはそこで向きを変えてしまう。彼らには、その道が索漠たる荒野に通じており、――「しかるに、周囲《まわり》には美しい緑の牧場がある」ように思われるのである。そこで彼らはそのほうに向かい、やがてあの彼らの最善の時を忘れる。ああ、それが児戯にすぎなかったかのように、忘れてしまうのである。彼らは同時にキリスト者でもある――牧師さんから、自分たちが天国に行けるという安心を与えられているのである。さきに述べたように、こういう絶望はもっとも一般的なものである。

（一〇九頁）

このあとについては、一つだけ。「周囲には美しい緑の牧場がある」とは、訳注〔桝田注（106）〕にあるように、学問研究に人生を賭けているファウストに向かって、悪魔の化身メフィストフェレスが言う科白。私の学生時代、大森荘蔵先生が哲学などを志す憐れな（？）青年たち向かって、飲み会の席でよくこの言葉を挙げて悦に入っていました。

五　イロニーの精神

1　青年の絶望、老人の絶望

『死にいたる病』一〇九頁の最後の行から話は変わって、青年の絶望と老人の絶望という対比がテーマになります。内容的にはわかりやすいのですが、キルケゴールの文章に籠められた独特のニュアンスをとらえてほしいと思います――としても、彼は四二歳で死んだのですが。

それがごく一般的なものであるために、絶望は青年につきものなので、年の若いあいだにだけ起こり、成熟した年齢や老年に達した分別のある男には起こらないものだという、世間にかなり流布している意見も、それで説明がつくほどである。

（一〇九—一一〇頁）

「絶望は青年につきもの」であり、「成熟した年齢や老年に達した分別のある男には起こらない」と世間では言われているけれど、そうではないとキルケゴールは言いたい。この話がここに挟まれていることから、こうした俗の見解は「b－α－1」の段階における絶望のみを見ているからだ、ということ、これもいいですね。

青年は一般に、「b　自分が絶望であることを自覚している絶望」に達しているのですが、まだ真の意味で人生を開始していないがゆえに、やはり「地上における成功（あるいは幸福）」を求め、その限り、「1　地上的なものについての絶望」に囚われている。「いかに生きるべきか」に悩み、その根底に潜む「自己自身＝永遠なもの」に気づいてはいるのだが、としても眼前に控えている職業の決定や結婚の決定、あるいは「自分らしい人生」の決定に心を煩わせる。キルケゴールの考察はこうした常識的青年観から始まり、そうではないという結論に導きたい。

この世間の意見は絶望的な誤りである、もっと正確に言うなら、絶望的な思い違いをして、見落としているのである――いや、それどころか実は、もっともっと困ったことがいくらも起こるのだから、ここで見落とされることなどは、人間について言われうる最善のことだと言ってもいいくらいのものだなどという、もっとひどい見落としをしているわけなのだが――つまり、たいていの人間は、本質的に見ると、その全生涯を通じて、少年時代や青年時代の状態、すなわち少量の自己反省を伴った直接性より以上には進むものではない、ということを見逃がしているのである。

（一一〇頁）

この箇所は、キルケゴールのイロニーがとりわけ効いているところであり、この長い一文の真意をつかむのは難しいでしょう。なぜキルケゴールはこんなまどろっこしい言い方をするのか？　すっと読んでいけばわかりますが、こうして青年と絶望とを直結してしまうのは、まさに絶望をこの世的なものに限定しているから、絶望が超地上的なもの、すなわち永遠なものに関わることを見過ごしているからです。

ここからあとは、キルケゴールの諧謔精神が全開していて、こんな些細な見過ごしは「人間について言われうる最善のことだ」という見解をわざともってきて、否定している。そして、こういう見解の背後には、青年時代は未熟だから絶望するのだ、というもう一つの絶望的に間違った見解があるとする。つまり、分別のつく大人（中年や老年）になると、人間は未熟状態を脱するとともに、絶望を脱するのだという間違った見解です。

こういうところを読むと身につまされるのですが、私が二〇歳のころ、「法学部をやめて哲学をしたい」と告げると、父や法学部の先生たちをはじめ多くの分別のある年長者は、「それは、きみが若いからだよ、年を取ったらそんなことは消えてしまうさ」と言って、私の「幻想」を自覚させようとしましたが、五五年経っても消えない。七六歳のいままで一瞬も自分が幻想に陥っていたとは思えないのですが……。

この後、キルケゴールは長々と「青年の絶望」と「老人の絶望」との違いを論じている。「青年は希望の幻想をもち、老人は追憶の幻想をもっている」(一一〇頁)というわけです。そして、この区別も、「地上的なものに対する絶望」に対応している。青年は「地上的なものに対する希望」を抱き、老人は「地上的なものに対する追憶」に浸るのであって、ともに「幻想」なのは、「自己自身＝永遠なもの」、すなわち真実を見まいと決意しているからです。

まとめてみると、このあたりの論理は次のようになっている。世間では、絶望に陥るのは青年時代だけだという考えが流布しているが、それは間違っていて、青年時代とは別のかたちで老人も絶望する。若いころの美しかった自分の追憶に浸っている老女は、もはやそうではないことに絶望している、というわけです。

そして、このすべてが、絶望を「地上的なものに対する絶望」の段階に限定しているという共通の誤りに基づいているということ。その上のレベル「2　永遠なものに対する絶望」、さらには「β　絶望して自己自身であろうとする絶望」に進んでいかないゆえであることについてはいいですね。そして、一一一頁にいたって段落のあとに次の文章がくる。

ところが、絶望がただ青年期にのみ固有なものであるとする思い違いは、まったく違った意味で絶望的である。信仰や知恵というものが、たとえば歯や髯などが年とるにつれて実際ひとりでに生えてくるようなふうに、なんの造作もなく至り着けるものだと考えるとしたら、なにはともかく、それは愚かなことであり、それこそ、精神が何であるかを、解しないものであり、さらに、人間が精神であって単なる動物でないことを見誤るものである。まったく、たとえ人間がそのようにひとりでに何に至り着けるにしても、また何がそのように無造作にできてくるにしても、信仰と知恵というこの一事だけは、断じてひとりで出来てくるものではない。（一一一頁）

この部分の字面の意味は簡単であって、精神なかんずく信仰と知恵は、身体の発達にともない歯や髯が生えてくるように「ひとりでに」至り着けるものでない、ということであり、このことはいいのですが、問題は以上の部分と次の文章との関係です。

むしろ、精神的な意味では、人間は年とともに無造作に何物かになるものではない、というのが事実なのであって、この範疇こそ精神にもっともきびしく対立するものなのである。むしろ精神の場合には、年とともにひとりでに何かを失っていくというのが、ごくありがちなことなのである。おそらく人は年とともに、自分のもっていたわずかばかりの情熱、感情、想像力、わずかばかりの内面性を失うことだろう、そしてひとりでに（なぜかというように、こんなことはひとりでに起こるものだから）卑俗な人生観をいだくにいたることだろう。（一一一—一一二頁）

さて、この箇所を対話のための課題にしましょう。青年の絶望のみを認める世の風潮に反対して、キルケゴールはここにいたるのですが、この連関がわかるでしょうか？

対話14

ここを課題にしたのは、ここに鮮やかに示されているキルケゴールの弁証法、すなわちイロニーを読み取ってもらいたいからです。表面的にはある教訓を語っているのですが、実は言葉のすべてに逆の（もっと深い）意味を盛り込んでいる。その場合、表面的な意味を辿ると一応わかるということがミソであって、世のなかには表面の意味しか読まない（読めない）人と裏面の意味もしっかり読む〈読める〉人という二種類の人がいるのです。

では、表面の意味とは何か？ ここでテーマとなっている「若者の絶望と老人の絶望」があくまでも「地上的なものについての絶望（B－b－α－1）」の段階に留まっていることはいいですね。そして、ここでキルケゴールは、一方で、歯が生えるようにひとりでに「～になる」ことと、むしろ逆にひとりでに「～を失っていく」という対比を示し、「地上的なものについての絶望」に関しては、「おそらく人は年とともに、……卑俗な人生観を抱くにいたることだろう」と結んでいる。

これに目を奪われている解釈が表面の解釈です。ここでちょっと読み込むと、B－aの段階（もっと低い段階）なら、むしろ「絶望に絡め取られるのは若者が未熟だからであって、人間は年を取るとともに、そこから抜け出してしっかり地に足をつけて現実的に生きていける」となる。右に書いてあることは、これを裏返したもの、むしろ老人が若者のように絶望しないことこそ堕落なのであって、卑属化なのだ、という主張でしょう。いいでしょうか？ この表裏一体となった二つの考え方を合わせて表面の意味です。

では、裏面の意味とは何か？　以上の表面の意味では、「若者の絶望」を規準にして、老人は絶望するか否かという議論に留まっている。そして、「歯が生えるようにひとりでに」老人は絶望から立ち直って現実的に立派に生きるという見解と、老人はむしろ「ひとりでに」「卑俗な人生観を抱くにいたる」という見解とが対立している。しかし、裏面の意味においては、このすべてが一挙に覆されるのです。

絶望は青年を規準にはできない、このあと長々と出てきますが、老人はもうじき死んでしまうのだし、まあ誠実に考えれば、ろくでもない人生だったのだし、深く絶望せざるをえない、という独特の、さらに厳しい状況にある。この場合、だから悲惨だ、という表層を打ち破って、だから老年は若者よりはるかに重い絶望を知っているはずであり、絶望のさらに上の段階に移行しうる絶好の時期なのです。このことを悟ること、これが弁証法であり、イロニーです。

こうした視点からは、老年を絶望から脱した現実態と見るか、むしろ逆に絶望さえできない青年の卑属化と見るかはまさにどうでもいいこと。このすべてが、歯が生えるようにひとりでに起こることのレベルの議論なのですから。じつは、このことをわかってもらいたいために、課題の箇所をその前の箇所との連関で読むように要求したのです。その箇所をふたたび引用しましょう。

まったく、たとえ人間がそのようにひとりでに何に至り着けるにしても、また何がそのように無造作にできてくるにしても、信仰と知恵というこの一事だけは、断じてひとりで出来てくるものではない。

老人はまさに独特の絶望状態にあるからこそ、「信仰と知恵」に関してはより高い絶望に移れる絶好の時期なのだと見直すこと、これこそキルケゴールの主張なのです。

2 老人の絶望の諸形態

同じテーマが続きます。

この――改善された状態は、もちろん年とともにやってきたものだが、それを人間はいまや絶望的に一つの善と見なし、自分にはもはや絶望することなどけっしておこりえないと、わけもなく信じ込んでしまうのである（そして、或る諷刺的な意味では、実際これほど確かなこともないのである）――もちろん絶望することなどありはしない、彼は安心をえているのである、彼は絶望しているのである、精神を失って絶望しているのである。いったい、なぜソクラテスは青年を愛したのであろう、それは、彼が人間を知っていたからのことではなかったか。（一一二頁）

「改善された状態」とは、この前の文章から続いていて、老年になり、絶望から脱して、「卑俗な人生観をいだく」状態。あとは、すらすら読めますね。老人は、よかった、もうあんなちまちましたことで絶望していた青臭い自分から抜け出したのだ、と思い込むという「一つの善」に「絶望的に」しがみつくのです。

そして、これこそ、すなおに（？）絶望していた青年時代よりさらに絶望的だ、とキルケゴールは言いたい。こうした「安心をえている」と思い込んでいる状態に比べれば、地上的なものに絶望し、それを自認して悩んでいる青年のほうがはるかにましだからです。そして、いいですか――この転換が重要です――、だからこそ老人はさらに高い段階に移れる、ということを忘れてはなりません。

人間というものが年をとるにつれて卑俗きわまる種類の絶望に落ち込むとしたものではないとしても、それだからといって、絶望はただ青年期にのみ固有なものだという結論はけっして出てきはしない。もし人間が実際に年とともに成長して、自己についての本質的な意識をもつまでに成熟すれば、おそらく人間はいっそう高い形式で絶望することができうるであろう。（一一二頁）

ここでキルケゴールは、イロニーを駆使してではなく、実にあっさりと真実を語っている。それは「もし人間が実際に年とともに成長して、自己についての本質的な意識をもつにいたるまでに成熟すれば、おそらく人間はいっそう高い形式で絶望することができうるであろう」という率直な文章です。それにもかかわらず、おうおうにして大部分の老人は、絶望から脱したと思い誤っている……というわけで、うまく論旨がつながってきました［なお、「できうる」という日本語は間違い、「できる」だけでいい］。

またもし人間が年とともに本質的には成長することなく、それかといってまた、まったくの卑俗さに落ち込むということもなく、つまり、夫となり父となり白髪になっても、いつまでも若い者のままで、青年のままでいて、したがって、青年のうちにある善さをいくぶんかもちつづけているとすれば、彼はやはりまた青年と同じように、地上的なものについて、あるいは地上的な或るものについて絶望するという可能性にさらされているのである。

（一一二―一一三頁）

この部分はつけたし程度に見えますが、実はそうでもない。この箇所を対話のための課題にしましょう。ふたたび――老婆心ではなく――老爺心から言っておきますと、さらっと読むと普通のことを語っているようですが、深層構造はなかなか複雑です。

対話15

まず、ここに書いていないことですが、キルケゴールには、青年は身の程知らずの願望（欲望）をもって地上的な何かを求め、そして絶望するのに対して、老年（中高年）はこうした「青っぽい」絶望をせせら笑い、諦め一色に塗られた人生観のもとに身の丈にあった生活を送る（Aとしましょう）、こういう古典的人間観がある。

しかし、現実には、老人でいて青年のような青っぽい願望をたっぷり抱いていて、たえず小さな地上的な絶望に巻き込まれている人って（Bとしましょう）結構いますね。

そして、現代（日本）社会って、断然Aタイプの老人よりBタイプの老人のほうに人気があるのです。堀江謙一老人が八〇歳を超えて無謀にもまた太平洋を横断するそうですが、「バカな！」というより、「衰えを知らないチャレンジ精神」として評価するような風潮ですね。七〇歳で駆け落ちしても、七五歳で心中しても、「バカな！」というより、「羨ましい！」という声のほうが聞こえてくる感じがします。

さて、準備作業はこの辺りで終えますが、私がなぜこの文章を課題にしたのかというと、こうした老人に対する肯定的評価こそ、キルケゴールが断罪している、ということを――このことだけ――読みとってもらいたかったからです。ここに描かれている老人（Cタイプとも言えます）は、AでもBでもなく、きちんと自分の年齢を弁《わきま》えた立派な社会人であって、しかも「少年のような純真な心」も失っていない。「まったくの卑俗さに落ち込むということもなく、……いつまでも若い者のままで、青年のままでいて、したがって、青年のうちにある善さをいくぶんかもちつづけている」のですから。文句のつけようのない魅力的な老人ではないでしょうか？

キルケゴールは、こうしたバランス感覚のいい魅力的な老人も、「青年と同じように、地上的なものについて、あるいは地上的な或るものについて絶望するという可能性にさらされている」と言いたいのです。つまり、年を取るにつれて人間は青年のような純真な希望をもつことをやめ、小さくかじかんできて、次第に「卑属さに落ち込む」のに、たまにそうではない若々しい老人もいる。しかし、彼らも同じく「地上的なものに対する絶望」という絶望の最低段階に留まっている。このことは、引用箇所の最初の「本質的には成長することなく」という言い回しによって、予め示されていますが……。

けれども、そのような老人の絶望と青年の絶望とのあいだに、差異がありうることは確かである、しかしその差異は本質的なものではなく、まったく偶然的なものである。

（一一三頁）

ここで、キルケゴールはやっと本来言いたいことをストレートに語っている。「老人の絶望と青年の絶望」に関して、彼が一番言いたいことは、すでに課題の解説〔対話14〕で予告したように、「その差は本質的なものではなく、まったく偶然的なものである」ということなのです。

このあと、キルケゴールは長々と青年と老人の絶望の違いを語っているのですが、とはいえ、老人の絶望的状況の記述は真に迫っていて、「まさにそのとおり」とため息をつかない人はいないでしょう。読めばわかるのでしばらく引用しませんが、次の箇所など老人の悲惨さを言い当てていて見事です。訳注〔桝田注(109)〕のエマヌエル・ヒルシュの見解もわかるのですが、それより老人の絶望の核心は、何もわからないままに、もうじき死んでしまう、ということではないでしょうか？

時はどんどん過ぎ去ってゆく――ただし、さらにいっそう絶望して、忘却の力を借りてうまく過去を癒しえ、かくして悔恨者となるかわりに自己自身の隠匿者になりすませるものとしての話である。

（一一三―一一四頁）

それにしても、四二歳までしか生きなかったキルケゴールが、これほどまでに老人の気持ちがわかっているとは！　注意すると、この箇所の翻訳が、この桝田訳と鈴木祐丞訳（講談社学芸文庫）とで食い違っているのですが、真相は何なのでしょうか？　斎藤信治訳（岩波文庫）も見てみましたが、手こずっていて、ドイツ語訳を見ても、とてもわかりにくい。核心部分のドイツ語訳を抜き書きしてみましょう。

"...die Zeit geht hinweniger ihm das gelingt, um so mehr verzweifelt wie er ist, es mit Hilfe des Vergangenes zo heilen, so daß..."

このドイツ語訳にそって、桝田訳を適度に変えて訳せば、「時はどんどん過ぎ去ってゆく――それがうまくいかないと、いっそう絶望してしまうので、忘却の力を借りてうまく過去を癒しえ、かくして……」となる。「それは」は、あとの「忘却の力」以下を指します。これでどうにかわかるのではないか、と思います。

3 私が救われることに対する懐疑

ところで、そのような青年の絶望とそのような老人の絶望とは、本質的には同一のものである。どちらも、自己のうちにある永遠者についての意識が発現し、したがって、絶望をいっそう高い形態にまで高めるか、それとも信仰に導くか、その二つに一つの戦いがそこで始まるような変形をとげるにはいたらない。（一一四頁）

この箇所を素直に読むと、この書を定型的に読んできた人は、「絶望をいっそう高い形態にまで高めるか、それとも信仰に導くか、その二つに一つの戦い」という表現に戸惑うに違いない。「定型的」

とは、絶望することこそ信仰にいたる必然的道なのだ、絶望せず信仰にいたることなどできないのだ、という図式から抜け出せない読み方です。この図式に囚われていると、「(絶望のいっそう高い形態と信仰という)その二つに一つの戦い」とは、まさにチンプンカンプンでしょう。そこをどうにか読み解くにはどうしたらいいのか？　まず、これまで読んだ関連箇所を二つ挙げておきましょう。

このようにして、絶望することができるということは、無限の長所である。けれども、絶望しているということは、最大の不幸であり悲惨であるにとどまらない、それどころか、それは破滅なのである。(三一頁)

……永遠はきみに向かって、そしてこれらの幾百万、幾千万の人間のひとりひとりに向かって、ただ一つ、次のように尋ねるのだ、きみは絶望して生きてきたかどうか、きみはきみが絶望していたことを知らなかったような絶望の仕方をしていたのか、それとも、きみはこの病を、責めさいなむ秘密として、あたかも罪深い愛の果実をきみの胸のなかに隠すように、きみの心の奥底に隠し持っていたような絶望の仕方をしていたのか、それともまた、きみは、他の人々の恐怖でありながら、実は絶望のうちに荒れ狂っていたというような絶望の仕方をしていたのか、と。そしてもしそうだとしたら、もしきみが絶望して生きてきたのだとしたら、たとえそのほかの何をきみが手に入れ何を失ったとしても、きみにとっては一切が失われているのだ。(五五頁)

第一の箇所(この書＝『死にいたる病』二七―二八頁)と、第二の箇所(五五頁)で細かく説明しているので、そこを読んでください。ここで、あらためて自覚してもらいたいのは、「絶望」とは本来「信仰」に対立する概念だということ、信仰をもてないということです。あまりキルケゴールに嵌《はま》っていくとわからなくなりますが、彼はこの普通の意味を承知のうえで、それを逆手にとって弁証法的論戦を展開しているのです。

もう一つ注意すべきは、信仰をもてないことの内実は神の存在に対する懐疑ではなく——これはキルケゴールの視野にない——、「この私が救われること」に対する懐疑だということ。ですから、絶望とは私が救われることに対する絶望的懐疑です。これはあたりまえのことであって、キリスト教の信仰とは、この私が救われることを信じることが要《かなめ》になっている。それに懐疑的になり、絶望しているのは不信仰のきわみなのです。

さて、ここまで詰めたうえで、引用箇所をあらためて見てみると、「二つに一つの戦い」とは「絶望をいっそう高い形態にまで高めるか、それとも信仰に導くか」であり、「いっそう高い形態にまで高め」られた絶望とは、「b－β　絶望して、自己自身であろうと欲する絶望、反抗」です。すなわち、この戦いとは〔神に対する〕反抗か、それとも信仰かとなるようなのですが、「絶望に陥ることなく信仰にいたること」はキルケゴールの視野にありませんから、はじめから排除される。これが先の引用箇所（三二頁）の意味であって、われわれはすでに神によって絶望可能なように造られていて、生きるとはそれを現実化することにほかならない。

しかし、問題は「地上的なものについての絶望」に留まって、そこから安直に信仰（らしきもの）に飛び移るほとんどのクリスチャンの態度、この書でキルケゴールがずっと非難の矢を射ているのはこういう人に対してでしょう。もっと、絶望の段階を高めよ、「2　永遠なものに対する絶望、あるいは、自己自身についての絶望」にまで高めよ、と彼はこういう怠惰なクリスチャンどもを叱咤激励するのですが……とはいえ「反抗」の段階までいたっても信仰に行き着けるかどうかはわからない。神を呪って呪って、呪い死にする可能性もあるということです。

このあたりでようやく、この箇所の真意、すなわちキルケゴールの意図が見えてきたのではないでしょうか？　つまり、「二つに一つの戦い」とは——文字通りの意味をややずらして——、「いっそう高い絶望の形態」に留まるか、それともそこから信仰にいたるか、となるはずでしょう。それは「b－β絶望して、自己自身であろうと欲する絶望、反抗」のところを読めばわかりますが、神に対して反抗する者は、相手が神であることを知っているのですから、勝ち目のまったくない戦いであることを知っています。反抗しても反抗しても反抗できないことを悟って信仰にいたる、とこう書くと安っぽくなりますが、そして、この書でキルケゴールは反抗の「あと」を書かないのですが、この書が絶望を勧める書ではなく信仰を勧める書であるかぎり、こうなるほかありえないように思います。

「序」における次の文章も忘れてはならないでしょう。

> つまり、本書〔この書〕の題名でもわかるとおり、絶望は、この書物全体を通じて、病として理解されていて、薬として理解されてはいない、ということを、わたしはここで、きっぱりと注意しておきたい。
> （一七頁）

4　地上的なものについての絶望と地上的なあるものについての絶望

さて、段落が変わると、次の文章に出会います。

ところで、これまで同一なものとして用いてきた二つのことば、すなわち、地上的なもの（全体規定）についての絶望と、地上的な或るもの（個別的なもの）についての絶望と、この二つのあいだには、やはり本質的な差異があるのではないであろうか。確かに、差異がある。（一一四頁）

キルケゴールは突然こう語り出すのですが、次頁まで続くこの一段落は、次の「2　永遠なものに対する絶望、あるいは、自己自身についての絶望」への橋渡しの箇所となっている。「地上的なもの（全体規定）についての絶望と、地上的な或るもの（個別的なもの）についての絶望」との区別は、キルケゴールは具体例を挙げないのですが、私が直感的にわかったことを書きますと、「地上的なものについての絶望」とは、ごく普通に健康とか生活の安全とか、生きがいのある仕事とか、財産とか家庭とか……普通われわれが望んでいる世間的価値であって、きわめてわかりやすい。

では、「地上的な或るものについての絶望」を「地上的なものの絶望」から分ける理由は何か？それはある物、あるいはある人に人生を賭けるときに陥る絶望でしょう。若いときに、俺（私）には小説家になるしかない、画家しかない、あるいは――ずっと少ないのですが――哲学者しかない、と思い込み、あと何が与えられてもダメだと決めつける態度に対して、絶望はぽっかり口を開けて待ち伏せしている。

こうした人生態度は、現代（日本）社会ではわりと肯定的にとらえられていますから、危険は果てしない。というのも、その念願の領域でプロとしてやっていけるかどうかはまったくわからず、才能に左右され、偶然に翻弄される運命にありますから、当人はあっという間に絶望に陥る仕組みになっている。

あるいは、キルケゴールは、レギーネとの手痛い体験から、「ある男（女）でなければならない」という恋愛感情においても同じ絶望が待ち構えていると考えているのかもしれない。とにかく代替物がないのですから、報われるか報われないかのどちらかしかないわけです。しかも、小説にせよ、油絵にせよ、哲学講義にせよ、その受け手（享受者）がいなければ、社会的にはまったく意味がなく、生きていけない。といって、これらをすっかりあきらめて、ただカネをもらうためにつまらない仕事をし続けるのは、はじめからこういうものに絡めとられない人の生き方に比べて幾重にも絶望的です。

興味深いことに、キルケゴールはこういう特殊な形態を、「α　絶望して、自己自身であろうと欲しない場合、弱さの絶望」のうち、「1　地上的なものについての、あるいは、地上的な或るものについての絶望」の最後に付加し、「2　永遠なものに対する絶望、あるいは、自己自身についての絶望」との橋渡しにした、ということです。これが意味することは、このようなかたちで人生に何かを賭けるという態度は、とくに強烈に絶望をおびき寄せ、だからこそ次の段階への飛躍をなしうるということ。

> 自己が想像力の無限の情熱をもって地上的な或るものについて絶望する場合、この無限の情熱が、この個別的なもの、この或るものを、地上的なもの全体と化しているのである。つまり、その絶望者のうちには全体規定が含まれており、それが彼に属しているのである。つまり、地上的、時間的なものそのものが瓦解して、或るものとなり、個別的なものとなるのである。（一一四頁）

この箇所を、対話のための課題にしましょう。といっても、その前の解説で大枠は語ってしまいましたが、この文章に具体的にそって、とくに最後の「地上的、時間的ものそのものが瓦解して、……個別的なものとなる」ということを正確に分析してください――このあとの記述にもヒントはあります。

対話16

「地上的、時間的なものそのものが瓦解して、或るものとなり、個別的なものとなる」ということ、ここには、キルケゴールの弁証法の真髄が隠されている。すなわち絶望者は、地上の或るものについて絶望しているのですが、それは「個別的なもの」です。しかし彼は、その個別的なものを「全体と化する」力をもっている。「絶望者のうちには全体性規定が含まれており、それが彼に属している」のです。ここで大転回が起こり、「地上的、時間的なものそのもの〔全体〕が瓦解して、……個別的なものとなる」というのです。

個別的なものについて絶望することが、――地上における――全体を「瓦解させる」力をもっているのであり、この力こそ、絶望の段階を上昇へと導くものです。

例をあげれば、レギーネという地上的な或るもの――個別的なもの――について徹底的に絶望するとき、地上のそれ以外のものは「瓦解して」、何の意味もないものとなる。地上は瓦礫《がれき》の山と化する……これって、地上的でないもの、すなわち永遠なものに向かう、とてもいい準備段階ですね。「地上的な個的なもの」に執着すればするほど、それを失ったときは、全世界を失うのであり、それでも――自殺しないで――生きていこうとすれば、地上的でないもの――永遠なもの――に眼を向け変えるしかない。

これ、真実ではないでしょうか？「地上的な個的なもの」にしがみついている限り、全世界は「瓦解しない」のです。

実際に一切の地上的なものを失うとか、奪われるとかいうことは、不可能である。なぜなら、全体規定とはひとつの思惟規定だからである。したがって、自己はまず現実的な喪失を無限に高め、かくして地上的なものの全体について絶望するのである。（一一四頁）

「地上的なものの全体について」の絶望と言ったとしても、戦争や洪水などで何もかも奪われることもありますが、じつは、そのときでも何かが残る。「実際に一切の地上的なものを失うとか、奪われるとかいうことは、不可能である」とは言いすぎですが、ほとんど不可能です。というのも、それはすべてを何かに賭けたが報われなかった人、愛する者を失ってしまった人が「一切を失った」というより、失ってはいない。家も金も会社も、それらを失っても生きていける。しかし、わが子や恋人が死んでしまうと生きていけないのです。

しかし、この差異（地上的なものについての絶望と、地上的な或るものについての絶望とのあいだの）が本質的なものとして主張されることになるやいなや、自己についての意識のうちにもまた本質的な進歩がなされたことになる。そこで、地上的なものについて絶望するというこの定式は、絶望の次の形態を表わす弁証法的な最初の表現なのである。

（一一四―一一五頁）

キルケゴールは、地上的なものについての絶望から地上的な或るものについての絶望を区分すると、「自己についての意識のうちにもまた本質的な進歩がなされた」と言う。進歩とは具体的には「絶望の次の形態」、すなわち「2　永遠なものに対する絶望、あるいは、自己自身についての絶望」を「表わす弁証法的な最初の表現」です。

ここで反省してみるに、キルケゴールはなぜこの段落を「1　地上的なものについての、あるいは、地上的な或るものについての絶望」の最後に付加したのか？　彼のレギーネ体験が反映していることはたしかですが、そればかりではないでしょう。代替不可能な「地上的な或るもの（個別的なもの）」の喪失こそ、われわれにとって耐え難いものであって、だからこそもっともわれわれを進歩させる、ということ。これは、ずいぶん厳しい人生観ですが、なかなかの慧眼だと思います。

5　「〜についての絶望」と「〜に対する絶望」

地上的なものについての絶望、あるいは、地上的な或るものについての絶望は、それが絶望であるかぎり、実はまた、永遠なものに対する、そして自己自身についての絶望でもある、というのは、これが実にあらゆる絶望の定式にほかならないからである。* けれども、絶望者は、さきに述べられたように、いわば彼の背後で起こっていることに気づいていなかった。絶望者は地上的な或るものについて絶望しているつもりでおり、自分がそれについて絶望しているもののことをいつも語るのであるが、しかし実は、彼は永遠なものに対して絶望しているのである。（一一五頁）

ここで、やっと「1　地上的なものについての、あるいは、地上的な或るものについての絶望」を終え、「2　永遠なものに対する絶望、あるいは、自己自身に対する絶望」に入ります。この箇所は、わかりやすいと思います。人々（キリスト教徒に限られる？）は、日々「市場的な（或る）ものについての絶望」を語りますが、じつは「気づいていない」ところで「永遠なものに対して絶望している」のです。

これを嚙み砕くと、ピアニストになれなければ生きる意味はない、と思っている人は、意識の表層では、「それ以外の人生は生きる価値がないから」と思いつつ、その深層では、「それでも死んでしまうのだから」という声を聴きながらそうしている。地上的な或るものに目標を定めれば定めるほど、「それでも、死んでしまい、その後が永遠の無なら、結局は虚しい」という呟きを消すことができない。というより、よりその呟きが聴こえる場に自分を追い込んでいると言えましょう。そして、それはそのまま「永遠なものに対する、そして自己自身についての絶望」であるわけです。

というのは、彼が地上的なものにかくも大きな価値を与えていること、あるいは、もっと詳しくいえば、彼が地上的な或るものにかくも大きな価値を与えていること、言いかえると、彼がまず地上的な或るものを一切の地上的なものとなし、ついでその地上的なものにかくも大きな価値を与えていること、そのことこそ、まさに永遠なものに対して絶望していることにほかならないからである。

（一一五頁）

この部分は、まさにそのとおりと膝を打ちたくなる。たしかに、膨大な雑事にかまけて一日を終え、気がついたら定年であり、自分のなした仕事は自分でなくても他の誰でもできることだったと悟り、唖然とする、という人が振り返る人生は虚しいものですが、自殺することはない。

しかし、一筋の道に賭けて何事かを真剣に探究し続けている人の自殺率のほうがずっと高い。自殺しないまでも、死の直前に虚しさを感じる度合いはずっと高いのです。つまり、いかに真善美を追求しても、それは「地上的な或るもの」にすぎないこと、「永遠なものではないこと」を思い知る機会が断然多く、そこで絶望に陥る可能性は高いと言えましょう。このあと「注（＊）」がきます。

＊　それだから、正しいことばの使い方としては、地上的なものについて（機縁）絶望する、永遠なものに対して絶望するといい、しかし自己自身の場合には、自分自身について絶望する、と言うべきである。なぜかというに、それについて絶望されるものは実に多種多様でありうるが、自己自身について絶望するということもまた、その概念の上から言って、つねに永遠なものに対する絶望である絶望の機縁を表わす別の表現であるからである。

（一一五―一一六頁）

訳者は“an”を「対する」、“über”を「ついて」と訳していますが、私にはしっくりこない。ちなみに、斎藤信治訳（岩波文庫）では、前者は「ついての」、後者は「かんする」、鈴木祐丞訳（講談社学術文庫）では、前者は「ついての」、後者は「めぐる」となっている。私の実感では、これらの訳書とは逆に、“an”は「ついての」、“über”は、「対する」でいいのですが、まあ、ここでは混乱を避けるために本翻訳通りにしておきましょう。

それはさておき、文章はそれほど難解ではないでしょう。「機縁」と補足してくれているから読みやすくなっていますが、絶望はまさに「多種多様でありうる」のであって、われわれはどんな馬鹿げたこと、些細なことに関しても絶望的状態――もう生きていけないという状態――に陥ることがある。絶望の客観的度などないのです。そして、それらはみな、「永遠なものに対する」絶望を自覚する機縁としてとらえられ、その点から見れば、けっして馬鹿げたことでも些細なことでもない。

さて、これはいいのですが、自己自身に対する絶望をキルケゴールは分けて考えている。「しかし……」からあとですが、「自己自身について絶望するということもまた、その概念の上から言って、つねに永遠なものに対する絶望である絶望の機縁を表わす別の表現であるからである」という意味がわかればいいのです。

これをじっと見ていると、「自己自身について絶望するということ」は、すなわち「永遠なものに対する絶望である」とキルケゴールは言っている。両者をつなぐのは、「自己のなかの永遠なもの」です。つまり、地上的なものにうつつを抜かす自己自身について絶望することは、すなわち「自己のなかの永遠なもの」に気づくことであって、それによって「永遠なものに対する絶望」という境地を開くのです。

> 人は彼を絶望におとしいれるものについて絶望する、すなわち、自分の不幸とか、地上的なもの

とか、自分の財産の喪失とかなどの場合には、それらについて絶望する。しかし、正しい意味で自分を絶望から解放してくれるものの場合には、すなわち、永遠なもの、自己の救い、自己自身の力などの場合には、それに対して絶望するのである。

（一一六頁）

これは、遅まきながら「ついて」と「対して」の意味の差異ですから、もういいでしょう。訳者は絶望の機縁となるものを「ついて」と訳し、それをまさに機縁として、真に絶望が向かうべきものを「対して」と訳している。前者は一見、自分を痛めつけるものですが、「それを通して」先の表現を使えば、地上的なものが完全に瓦解することになれば、その痛めつけるものそれ自体が「正しい意味で自分を絶望から解放してくれるもの」に変身するのです。だから、「それに対して」とは、「地上的なものについて絶望することによって、それに対することになる」というほどの意味でしょう。

6　「自己」の場合

さて、このあと、ふたたび「自己」の場合が特別に記述されています。

自己の場合には、自己自身について絶望するとも、自己自身に対して絶望するとも、両方の言い方ができるが、それは、自己が二重に弁証法的だからである。これは曖昧な点であるが、この曖昧さは、ことに、比較的低い形態の絶望すべてのうちに、そしてほとんどあらゆる絶望のうちに見られるもので、したがって、絶望者は、自分が何について絶望しているのかは実に情熱的にかつ明瞭に見もし知ってもいるが、自分が何に対して絶望しているかは、気づかずにいることになるのである。救済の条件はつねにこの転回なのである。だから純粋に哲学的に言えば、自分が何に対して絶望しているかについて完全な意識をもって人が絶望していることができるものかどうかということが、微妙な問題となるであろう。

（一一六頁）

さて、対話のための課題は、このちょっと長めの箇所にします。先に、「自己」の場合の「ついて」と「対して」の特殊性をすでに説明しましたので、それを基盤にして、さらに正確に分析し記述してください。

対話17

「地上の或るものについての」絶望は「永遠なものに対する」絶望の「機縁」であるにすぎないのですが、「永遠なものに対する」絶望とは、前よりいっそう「永遠なもの」の視線を敏感に感じ取り、それにがんじがらめになること。キルケゴールにとって、自己のなかの永遠なもの（↓神）に対して、単純に絶望することはありえないのです——以下、述べるように「反抗」というエネルギッシュなやり方以外には。

さて、「地上的な或るもの」が自己でない場合は比較的簡単であり、それを「ピアニスト」としますと、「ピアニストとしての才能がないことに絶望している」ことが「自己のなかの永遠なもの」に向かい、その段階で絶望する「機縁」となる。これはこれで弁証法的と言えましょう。

なぜなら、ここで意識は、「〜について」の絶望状態から、それを止揚（否定）して「〜に対する」状態へと高まるからです。

　では、それが自己自身となると「二重に弁証法的」になるとは何か？　この図式に「自己」が介入してくると、そもそもの発端が変わってきて、「ピアニストとしての才能がない自己に絶望している」となる。よって、自己自身の場合は、「ピアニストとしての才能がない自己に絶望している」ことが、「自己のなかの永遠なもの」に気づかせ、その視線を浴びて絶望する「機縁」となる。

　わかりやすくするために、「ついて」の段階の自己を「自己」とし、「対して」の段階の自己を「自己*」と記すと、「自己についての」絶望が機縁となって「自己*（のなかの永遠なもの）に対する」絶望となる。絶望の内容が弁証法的に高まるのは、先の場合と同じですが、この場合、さらに「自己」の内容も弁証法的に高まる。よって「二重の弁証法」が成立しているのです。

　次に、キルケゴールは「絶望者は、自分が何について絶望しているのかは実に情熱的にかつ明瞭に見もし知ってもいるが、自分が何に対して絶望しているかは、気づかずにいることになる」とだけ言っていますが、これはすなわち「絶望者は、自己が何かについて絶望しているかは実に情熱的にかつ明瞭に知ってもいるが、その自己がそれに対して絶望している自己*（すなわち自己自身）には、気づかずにいることになる」となりましょう。

　また、以上に関して、最後の「だから、純粋に哲学的に言えば、自分が何に対して絶望しているかについて完全な意識をもって人が絶望していることができるものかどうかということが、微妙な問題となるであろう」という箇所の読解は簡単ではない。

「微妙な問題」とはドイツ語では“eine spitzfindige Frage”であり、直訳すると「細かいことにこだわる問題」ですが、ちなみに斎藤信治訳（岩波文庫）も、鈴木祐丞訳（講談社学術文庫）も同じく「微妙」となっている。次のようなことでしょうか？

ここには、客観的（純理論的）には、さきほど示したような二重の弁証法が成立しているのですが、絶望している当人にとっては（人間主観的には）、「自分が何について絶望しているのかは、はっきり自覚しているのですが、何に対して絶望しているのかは、気づかずにいる」。ですから、この解明のためには、当人に気づかないようにさせているものを究明しなければならない。よって、ここには、各人の心理状態の奥深くに入らなければならないという、一筋縄ではいかない「微妙な問題」が控えているのです。

実際のところ絶望者は、「自己*＝自己自身＝自己自身のなかの永遠なもの」に「対して」はいるのですが、この後でも「α　絶望して自己自身であろうと欲しない」段階がえんえんと論述されているし、もっと注目すべきことに、その次の段階が「β　絶望して自己自身であろうと欲する」段階であり、その内実は「神への反抗」です。

まさに、この絶望の最高段階を書こうとして、この書が生まれたとさえ言えます。それは、自己自身――のなかの永遠なもの――に対して絶望して、「神に反抗する悪魔的自己自身であろうと欲する」段階なのですが、まさにそれは取りもなおさず「できない」ことを悟ることでもある。神に真剣に反抗すればするほど、まともに神に「対して」しまうという絶望状態が絶望の最高段階であり、まさにここに救済への転回の鍵が隠されている。

ここでは、単に「微妙な問題」と言っているだけですが、こうした今後の論述の方向を視野に入れてみますと、この言葉の意味も「救済への転回が容易でないのも、人間という奇妙な存在者の心の機微に触れなければ、到底わからない」という、きわめてキルケゴール的な含みが浮上してきます。この前に「純粋に哲学的に言えば」と断っているのも、こうした「微妙な問題」に入らずに、定型的な論理を大上段から振りかざすヘーゲル学派は「哲学的ではない」と言いたいのでしょう。

これで「注（＊）」が終わり、また本文が続きます。

> さて、この絶望はいちじるしい進歩である、これまでの絶望は弱さの絶望であったが、これは自己の弱さについての絶望である。しかしこの絶望も、やはりなお、弱さの絶望という本質規定のうちにとどまるものであって、β（反抗）とは異なっている。したがって、そこには相対的な差異があるばかりである。すなわち、さきの形態が弱さの意識をその最後的な意識としてもっているのに対して、この場合の意識は、その立場に立ちどまらないで、自分の弱さを意識するという新たな意識に強められている、という違いである。
>
> （一一六―一一七頁）

ここでふたたび、絶望の「表」を眺めてみましょう。αは「絶望して、自己自身であろうと欲しない場合、弱さの絶望」であり、それが「1　地上的なものについての、あるいは、地上的な或るものについての絶望」と「2　永遠なものに対する絶望、あるいは、自己自身についての絶望」に分かれています。いま、われわれは1から2に移行したのであって、2は1に比べて「いちじるしい進歩」

なのです。

なぜなら、1は「弱さの絶望」であったのですが、2は「自己の弱さについての絶望」だから。すなわち1は「彼の背後で起こっていることに気づいていなかった」、よって丸ごと弱さに陥っているのに、2は自己自身の「弱さ」に気づいているだけ、「進歩」している。

これは普通の弁証法であって、1は自分がピアニストになれないので絶望に陥っているということを「最後的な意識としてもっている」だけなのに対して、2はそうしたことにこだわっている「自分の弱さを意識するという新たな意識に向けられている」のです。なぜ、「私（俺）はこんなことにこだわっているのか」という意識に目覚めているのであり、そういう自分の「弱さ」を自覚していることと、そこから抜け出たいと願望している。

しかも、さらに「進歩」すると、では、と言ってピアニストに代わる新たな地上的な或るものを求めることを断念する――ボランティア活動、あるいは幸せな家なども「地上的な或るもの」です。この段階は、「弱さ」に留まっているのではなく、やはり「新たな意識」の芽生えと言っていいでしょう。それは、まさにβの標題にあるように、「自己自身に対する絶望」が、すなわち「永遠なものに対する絶望」であることに気づいている段階、言いかえれば、「自己のなかの永遠なもの」に気づいている段階です。

ここでまた自分のことを語りますと、若いころ私は、「哲学者になれなければ、生きる意味はない、絶望的だ」と思って奮闘してきた。時折、「哲学者になっても死んでしまうのだから、同じく絶望的だ」と自分に言い聞かせて、「哲学者になれないとき」の心の準備をしていた。

この場合、ピアニストと異なり、1と2の差異が見通しにくいのは、私にとって「哲学者になる」

とは、「死をずっと考え続けられる地位」という意味にほかならなかったので、「1がすなわち2」であるというように自然に重ね合わせていた。しかし、やはり違う。「哲学者になれなければ、絶望的だ」と思い込んでいたのですが、「哲学者になってみても絶望的である」ことが身に滲みてわかった。かえって、名ばかりの哲学者であって、――まさにいまこうしていることがそうなのですが――キルケゴールの「絶望」について丁寧に（？）解説するという、「地上的な或るもの」に留まっていて、いつまで経っても、「永遠なものに対する絶望」の段階に進まない……という苦い自覚があります。

絶望者は、自分が地上的なものにそれほど思いわずらうのが弱さであり、絶望することが弱さであることを、みずから理解している。ところが、そこで正しく向きを変え、絶望を去って信仰に向かい、自分の弱さのゆえに神の前にへりくだろうとはしないで、彼はさらに絶望に沈んで、自分の弱さについて絶望するにいたるのである。

（一一七頁）

すなわち、地上的な或るものにこだわるという「自分の弱さを意識する」という新たな意識に目覚めるだけでは充分ではない。ここで「正しく向きを変え、絶望を去って信仰に向か」うという大転回が必要なのですが、これは「いかにして」成し遂げられるのか、キルケゴールは書いてくれない。

こうなると、全観点が逆になる、いまや絶望者は、永遠なものに対して絶望しているのだという自分の絶望をいっそう明瞭に意識するにいたり、地上的なものにかくも大きな意義を与えるほど自分が弱くありえたことで自己自身につい絶望するにいたる。そしていまやこのことが、彼にとっては、彼が永遠なものと自己自身とを失ってしまっているのだということの絶望的な表現となるのである。

（一一七頁）

ここに書いてあることもことごとくわかるのですが、それは実際に「向きを変える」ことではない。ということは、ほんとうにわかっているのではない。キルケゴールを理解するということが、本書の趣旨ですが、私は読者を信仰に導くことを意図していないし、それはできない。しかし、だとすると私も読者もいったい何をしているのか？　キルケゴールを「学ぶ」とはいかなることなのか？　これからずっと考え続けなければならない問いです。

六　自己についての意識の上昇

1　絶望が何であるかについての、よりいっそう大きな意識

ここには上昇がある。まず第一に、自己についての意識の上昇がある。なぜかというに、自己のうちには永遠な或るものが存在するという、あるいは、自己はみずからのうちに永遠な或るものをもっているという、自己の観念をもつことなしに、永遠なものに対して絶望することは不可能だからである。またもし人が自己自身について絶望するということがあるとすれば、もちろん人はまた、自己をもっていることを意識しているのでなければならない、なぜかといって、人がそ

れについて絶望するところのもの、それは地上的なもの、あるいは、地上的な或るものについてではなく、自己自身についてだからである。（一一七頁）

長く引用しましたが、これまでのまとめですから、ほとんど解説はいらないでしょう。なお、先に対話10でも言ったように、「自己はみずからのうちに永遠な或るものをもっているという、自己の観念をもつことなしに、永遠なものに対して絶望することは不可能だからである」という箇所からもわかる通り、キルケゴールの場合、「自己のなかの永遠なもの（→神）」に「対する」絶望といっても、単純に神を否定して無神論をとるという立場——こうした態度は彼の視野にない——ではなく、それが気になりながらも、表面上否認しているふりをするという程度です。これをしっかりつかんでいなければ、このすぐあとに出てくる「息子を勘当した父親」、とか「憎い男を呪う女」などの事例がわからないでしょう。

さらにここには、絶望が何であるかについてのよりいっそう大きい意識がある、というのは、ここでの絶望は、至極当然のことだが、永遠なものと自己自身とを失ったということだからである。またいうまでもないことだが、ここには人の状態が絶望であるということについてのいっそう大きな意識もある。（一一七—一一八頁）

ということは、この書は絶望に関して考察しているのですから、「永遠なものと自己自身」を失ってもなんともない人は、はじめから相手にしていない。とはいえ、この書がサルトルやハイデガーをはじめ、無神論的な多くの哲学者にも大きなインパクトを与える力をもっているのは、信仰を超えた広がりのあるテーマを扱っているからでしょう。

たしかに、読者のほとんどがクリスチャンではないでしょうから、この書の「キリスト教臭」は適当に消毒して、なかなか人間存在についておもしろい見方をしている、というくらいの気持ちで読んでいるのでしょう——それでいいのですが、時折は、この書は本来、神や救済を除いては読めないことを思い出してください。

このことを確認して、先に進みましょう。地上的な或るものについての絶望、さらにそういうことにこだわっている自己についての絶望を機縁にして、「自己のなかの永遠なもの」に対する絶望という領域が開かれるのですが、これが「いっそう大きな意識」です。ちょっと考えればわかるように、われわれがあるものや、ある人に対して絶望するのは、何らかの期待をするからですね。何の期待もしなければ、絶望することもない。

よって、絶望の高まりとは、その期待が淡いものから濃厚な段階に高まっていく段階と見ることもできるでしょう。すなわち、地上の或るものに対する絶望の段階を超えて、「永遠なもの」に対する絶望にいたった人とは、「永遠なもの」に対して「いっそう大きな期待」を抱くにいたった人なのです。

さらにまた、ここでは絶望は単に受難ではなくて、行為である。なぜかというに、絶望というものがもともといつでも自己から来るものであるにしても、地上的なものが自己から奪い去られて自己が絶望する場合には、その絶望は外から来るもののように思われるのであるが、自己がこの自己の絶望について絶望する場合には、この新しい絶望は、自己から、逆圧（反動）として、間接的＝直接的に自己から来るからで、この点で自己から直接的に来る反抗とは違っているからである。

（一一八頁）

少し難しいのですが、この箇所を対話の課題にしましょう。たったいま、「永遠なものに対する絶望」とは「永遠なものに対する期待」の裏返しであることを説明しましたから、この線に沿って――といっても、あまりに紋切り型に前提せずに――丁寧に解明してください。

対話18

この箇所の骨格は比較的簡単であり、「地上的な（或るもの）についての絶望」は「外から来る」のに、「そういう絶望に陥っている自己についての絶望」は「自己から来る」。しかも、その来方《らいほう》は、「逆圧（反動）として、間接的＝直接的に来る」のであって、「反抗」のように「直接的に来る」のではない。

まだ「反抗」の段階を読んでいないので、それとの比較はできないでしょうが、さしあたり「神への反抗」の直前状態と考えてくれればいい。さて、「行為」というのは能動的な心的はたらきであり、「私が」行為を開始するのですが、この段階ではまだ「間接的＝直接的」という曖昧なものであり、しかも「逆圧（反動）として」となっている。

では、何に対する反動か？　当然それまでの「外から来る絶望」に対してでしょう。すなわち、この段階では、「地上的な（或るもの）についての絶望」の受動性に対して反動し、能動的に動こうとしているのです――「外から」を「受動的」、「自己から」を「能動的」と読み替えることがセンスでしょうね。

しかし、この段階の絶望とは、行き着く先が「神への反抗」ですから、その方向に半ば――間接的＝直接的に――能動的に動こうとすること。ここで前に解説した、このあとの「息子を勘当した父親」や「自分を捨てた憎い男を呪う女」の例を想い起こせばいい。この「息子」や「男」に「神」を、「父親」や「女」に「絶望者」を代入して考えてみる。すると、「神から離れようとしながらも――憎もうとしながらも――、執着している」という構図が浮かび上がってくるでしょう。

これこそ、受動的絶望に「反動」して能動的絶望に移行しようと「行為（意志）」しながら、それを徹底できずに中途半端な段階に留まっている、というこの段階なのです。いいでしょうか？絶望の段階が高まることがすなわち救済の段階が高まることだ、というような素朴な非弁証法的な読みではダメなのであって、絶望の段階が高まれば高まるほど救済から遠ざかっていく、そして、それがすなわち救済に近づくことなのだ、というように弁証法的に読まねばならないのです。

> 最後にまたここには、別の意味においてではあるが、いま一つの進歩がある。というのは、この絶望は、いっそう強度のものであるがゆえに、或る意味で救いにいっそう近づいているからである。そのような絶望はほとんど忘れられることがない、それはあまりにも深いのである。しかし、

この絶望が口を開いている瞬間瞬間に、救済の可能性もあるのである。（一一八頁）

「地上的な或るもの」についての絶望から「自己のなかの永遠なもの」に対する絶望へというように絶望の段階が高まるということは、絶望の強度が高まることであり――これは「自己のなかの永遠なもの」に対する期待の強度が高まることに他ならない――、それ「ゆえに、或る意味で救いにいっそう近づいている」。刻々と深い絶望に陥っていることが、すなわち「瞬間瞬間に、救済の可能性もある」ことなのです。

なんとなく図式的に理解してしまうという恐れもありますが、それでもわかりますね。それにしても、あらためて思いますが、ニーチェは、この段階どころか正真正銘の「神への反抗」の段階にいたったのであって、彼ほど神に期待し、絶望した者はいない。彼ほど神なしでは生きていけない者はいない。彼が神への反抗のために狂気に陥ったのは、まさに正真正銘の信仰告白以外の何ものでもない、とすら思えてきます。

2　父親が息子を勘当するときのように？

次に段落が変わりますが、テーマは同じです。ただキルケゴールはいっそう生々しく個人的心情を吐露している。

それにもかかわらず、この絶望はやはり、絶望して自己自身であろうと欲しない、という形態に入れられるべきものである。ちょうど父親が息子を勘当するときのように、自己はそのように弱くなってしまった自己自身を自己であると認めようとしないのである。自己は、絶望して、この弱さを忘れることができない、自己は或る意味で自己自身を憎んでいる、自己は自分の弱さのゆえに信仰によってへりくだり、かくしてふたたび自己自身を獲得しようとは欲しない、それどころか、自己は絶望して、いわば自己自身について何を聞こうともせず、自己自身について何ひとつ知ろうともしないのである。

（一一八―一一九頁）

これ、わかるでしょうか？「ちょうど父親が息子を勘当するときのように」は『（新約）聖書』「ルカ伝」のなかの「放蕩息子の帰還」という有名な話を想い起こさせます。あるいは、アブラハムとイサクの話、さらにはキルケゴールと父親との特殊な関係……などいろいろの背景を挿入することができます。

放蕩三昧の息子を勘当してはみたが、やはり父親は「絶望して、この弱さを忘れることができない。自己は或る意味で自己自身を憎んでいる」のです。さらに、これを『（旧約）聖書』「創世記」のなかのアブラハムの話につなげますと、アブラハムは神の命令のもとに、ひとり息子のイサクを生け贄にしようとしたまさにそのとき、アブラハムの信仰の篤さが神によって認められ、天使によって妨げられたのですが、その後、信仰の父として英雄として後世まで褒め称えられた、という聖書の話とは裏腹に、キルケゴールは『おそれとおののき』において、その後、アブラハムはただ無気力に生き続けた、というお話を仕立て上げています。

その日から、アブラハムは老人になった。彼は神がそれを自分に求めておられたことを忘れることができなかった。イサクはこれまでと変わりなく生いたっていった。しかし、アブラハムの目はくもった。彼はもはや喜びを見なかった。

（『おそれとおののき』キルケゴール全集五巻、桝田啓三郎訳、白水社、一九六二年、二二一頁）

先の引用箇所の後半、「自己は自己の弱さのゆえに信仰によってへりくだり」までが、イサクを生け贄にしようとした自分を表現している。「信仰の強さ＝自己の弱さ」という図式は、「α　絶望して自己自身であることを欲しない」段階に相当するでしょう。

イサクを連れてモリアの山に向かったとき、アブラハムはαの段階であった。そして、ここから後の「かくしてふたたび自己自身を獲得しようとは欲しない、それどころか、自己は絶望して、いわば自己自身について何を聞こうともせず、自己自身について何ひとつ知ろうともしない」という部分は、キルケゴールが改作したアブラハム物語そのものです。

けれども、忘却によって救われるというわけにもゆかないし、また忘却の助けをかりて無精神性の規定のもとに忍び込み、ほかの人々やキリスト者たちと同じように世間並みの人間やキリスト者になりすますというわけにもゆかない、それには自己があまりに自己でありすぎるのである。

（『死にいたる病』一一九頁）

イサクの事件から時間が経っても、アブラハムはそれをけっして「忘却」できないし、考えずにおくこと（無精神性）もできず、敬虔なキリスト者と同じように生きることもできない。そして、このあとの「自己があまりに自己でありすぎる」は、次の「β　絶望して、自己自身であろうと欲する絶望」、すなわち「神への反抗」へと――アブラハムなりに――傾いていることを示している感じでもあります。

息子を勘当した父親によく見られることだが、勘当という外面的な事実はほとんど父親の役に立たず、彼はそれによって、少なくとも頭のなかでは、息子から離れることにならないのと同じように、また、恋する女が憎い男を（すなわち恋人を）呪うときによく見られることだが、呪いはたいして役に立たず、かえってますます心を引きつけることになるのと同じように、絶望した自己の自己自身に対する関係もそれと同じことなのである。（一一九頁）

この部分、ちょっと読者を混乱させせます。神との関係を考えると、絶望者が父親で神が勘当息子という設定には違和感がある。では、逆にして、神が息子（絶望者）を勘当した父親なのでしょうか？　たしかに、絶望者は放蕩の限りを尽くして父親である神から勘当された、という話に近い感じもしますが、ここでは、絶望者の側から一方的に神を切り離し、それでも心のなかではいっそう神に結びついている、という筋書きなのですから、やはり絶望者が父親で、息子が神でしょう。

女の場合はよくわかる。絶望者が女で神が男です。ここにもレギーネの影が濃厚に表われていて、婚約を二度も破棄したキルケゴールは、レギーネからすれば「憎い男」のはずで、レギーネはそれを「呪っている」はずですが、それでも〔レギーネは〕かえってますます〔自分に〕心をひきつけることになる」というのですから、キルケゴールはまさにおめでたいほど、「自己が自己でありすぎる」のですね？　この書の刊行の目的の一つがレギーネに読ませるためだった、ということを忘れてはダメですよ。

3　「立派な市民」に対するアンヴィヴァレンツな態度

「α　絶望して、自己自身であろうと欲しない場合、弱さの絶望」の最後の段階です。私見では、もっともキルケゴール的なエスプリが効いていて、ここを読める人が、キルケゴールを基本的にわかっている人、キルケゴールのように人生を見ている人と言ってもいいでしょう。まるで読めない人は、キルケゴールの人生の見方とはほど遠い人生の見方をしている人なのかもしれません。

この絶望はさきの絶望よりも質的に一段と深いものであって、世間では稀にしか見られない絶望に属している。さきに、背後に何ものもない盲戸《めくらど》ということを言ったが、ここにあるのは、ほんとうの、用心深く閉ざされた戸で、その背後には、いわば自己が坐っていて、自己自身に注意をはらい、自己自身であるまいとして時をついやすことに夢中になっているのである、しかもその自己は自己自身を愛するだけの自己でもあるのである。人はこれを閉じ籠もりと呼んでいる。（一一九頁）

このあたりは、前の箇所（一〇六―一〇七頁）と呼応していて、「盲戸（ドイツ語で“Blindtür”）」もここに出てきます。右の引用箇所（さらに、これからしばらく）は、前のこの箇所以上のことは言っていないのですが、なおもキルケゴールはこうした人間類型――幸福な家庭をもち、立派な職業に就いていて、教会では牧師と議論さえできる学識のある「キリスト者」であって、自己の内部に「盲戸」を立てて、細心に注意を払い、「自己自身（自己のなかの永遠なもの↓神」を意図的に見ないようにしている――を追い続ける。

無頼漢でもなく、地上の欲望に塗れている人でもなく、こういう立派な市民こそキルケゴールの批判の標的であり、それを皮肉（イロニー）の極致をもってしつこく攻撃する。なぜか？　こういう人間類型こそ、かつて自分が理想にした人間類型だからです。

このことも多くの人はすぐ忘れますが、『あれかこれか』は、立派な市民である倫理的生活者（理想的に思い描く自分）と、これと真逆なドン・ファンのような自堕落な美的生活者（つまり若いころの現実の自分）との対比が描かれていて、前者が後者にとくとくと説教するというお話です。

いいでしょうか？　この書『死にいたる病』になると、立派な市民を容赦なくこきおろす雰囲気に溢れていますが、そもそも彼はそれに憧れ続けていた――いる？――のです。キルケゴールは結婚し、牧師になり……という立派な市民としての生き方を目指していたのですが、この書が刊行されると、そのすべての望みが絶たれると恐れ――ずいぶん刊行を引き延ばしたのですが――、すべてを諦めて刊行した……といういきさつを忘れてはなりません。

でなければ、これからの箇所は読めない。そして、私は彼の気持ちが痛いほどわかる。じつは私は法学部の落ちこぼれであることをいまでも恥じている。法学部を卒業し、立派な法律家か外交官か公務員になる人に対する尊敬の念は消えず、哲学者もまあ落ちこぼれ人生に徹することができるから、いいんじゃないかと居直りつつも、「まとも」なことをしていないという羞恥心に塗れていて、つい自虐的になってしまう。ですから、私はいまでもこういう感覚をもっていない哲学研究者やその志望者やその崇拝者――かなり多い――に出会うと、恐ろしく居心地が悪いのです。

キルケゴールは、本来なら牧師になってデンマーク国教会の宗教改革をしたかった。しかし、それがかなわず、「物書き」などという下賤な職業につかざるをえなかった自分を卑下しているのです。

実はニーチェも同様。独文学界の帝王になりたかったのに、やはり物書きなどという賤民に突き落とされ、その恨みは生涯、彼に纏わりついています。立派な市民になることに憧れつつ小説家に転落したという苦い自覚は、トーマス・マンに顕著ですが、夏目漱石にも森鷗外にも、そして三島由紀夫にもあるでしょう。

さて、こういうことを書き出すと際限なく筆（キー）が滑っていきますので、本文に戻りましょう。「盲戸」とは何か？　これをわかることが、鍵でしょう。「さきに、背後に何ものもない盲戸ということを言ったが、ここにあるのは、ほんとうの、用心深く閉ざされた戸で、その背後には、いわば自己が坐って」いる。しかし、この段階の絶望者は、――さらにクリアになるように、ちょっと補いますと――「自己自身に〔目を向けないように〕注意をはらい、自己自身であるまいとして時をついやすことに夢中になっている」のです。ここを次の対話の課題にしようとしたのですが、（またもや）そうすると以後の説明ができなくなるので、残念ながら諦めます。

では、なぜ彼がその盲戸の向こうに目を向けないかというと、目を向けると、結構気に入っているこのままの「自己」を愛せなくなるから、実のところ「〔彼が大切にしている〕その自己は自己自身を愛するだけの自己でもある」というわけです。

おもしろいことに、こういう状態をキルケゴールは「閉じ籠もり（ドイツ語で“Verschlossenheit”)」と呼んでいるのですが、これは現代日本における「引き籠もり」とほぼ正反対の意味だと言っていいでしょう。

七　閉じ籠もり

1「閉じ籠もり」の生態

これからわたしたちはこの閉じ籠もりを問題とするわけであるが、これは直接性の正反対であり、とりわけまた、考え方の上で、直接性に対して大きな軽蔑の念をいだくものである。

（二一九―二二〇頁）

「直接性の正反対」ということの意味は、少しあとで、彼が「直接的な人間」を頭から軽蔑していることからわかりますが、その前に「直接性」とは何か？　もちろんヘーゲルの言葉であり、「否定によって媒介されていないこと」ですが、その体現者は、――理念化された――子供のように素朴で天真爛漫な人、あるいは物事が「見える」とおりに「ある」とみなす人。そして、いま問題にしている「閉じ籠もり」の人は、こういう「直接的な人間」を軽蔑し嘲笑し、「直接的な人間」とは真逆な人だということです。

しかし、そのような自己は、現実のなかには生存していないのではあるまいか、彼は現実から逃

がれて、荒野か、修道院か、精神病院かに逃避しているのではあるまいか。彼はほかの人々と同じような服装をし、ほかの人々と同じように普通の外套を着た現実の人間ではないのであろうか。いかにもそのとおりである。いったい、なぜそうであってはいけないのか。（一二〇頁）

「そのような自己」が「閉じ籠もり」の自己であることは明らかですから、これはきわめて高度の「閉じ籠もり」、すなわちキルケゴールは、それをかつての自分のような特異な人間類型とみなしているのでしょう。なお、ここのつながりがわかりにくいのは、「……精神病院かに逃避しているのではあるまいか」のあとに、「いや違う」という逆接が欠けているからです。それを補うと、「いや違う、彼はほかの人々と同じような……」と続く。彼は、この意味で「閉じ籠もり」でありながらも、愛想がよく、社交性にも長けている、という「普通の外套」を着ているのです。

けれども、自己のことについては、彼は誰にも、たったひとりの人にも、打ち明けない、彼はそれを打ち明けたいというやみがたい衝動を感じない、あるいは、そういう衝動を押える術《すべ》を心得ているのである。（一二〇頁）

まず、微妙なことを言いますと、「たったひとりの人」という訳ですと、特別の人（イエス？）を意味している感じになる。しばらくすると、「たったひとりの牧師だけを例外と考えている」（一二一頁）とあり、これがイエスを表わすことは明らかなので、ここと呼応させると、この「たったひとり」もイエスを意味すると読みたくなる。しかし、そうではなくて、ここはただ「ひとりも＝誰も」という一般的な意味であるのかもしれない。

ちなみに、斎藤信治訳（岩波文庫）では、やはり「たった一人」（一〇四頁）となっていますが、鈴木祐丞訳（講談社学術文庫）では「誰一人に対しても」（一一一頁）となっている。まあ、実はイエスを含意しながらも、はじめは一般的に「たった一人も」と仄めかした、という解釈に収まりそうですから、いいのですが。

なお、「押える」は、やはり「抑える」のほうがいいでしょう。

さて、ほかの点にかけては申し分なく立派で社交的な人なのですが、誰にも「自己のことについては……たったひとりの人にも、打ち明けない」のが「閉じ籠もり」の人なのです。この後に続く絶叫調の科白によって、だんだんこうした「閉じ籠もり」の人の生態がわかってくる。

それについて彼みずからが語るところを聞いてみられるがいい。「要するに、まったく直接的な人間だけなのだ――彼らは、精神という点から見ると、小児期の第一期にある子供とだいたい同じくらいの地点にあるのであって、実にまったく愛すべき無頓着さで何もかもしゃべってしまう――つまり、何一つ自分の胸にしまっておくということのできないまったく直接的な人間だけなのだ。よくあることだが、『真実だとか、真実であるとか、真実な人間だとか、また天真爛漫だとか』と僭越にも自称するのは、この種の直接性なので、それが真実であるなら、老人が肉体的な要求を感じながらすぐそれに従わないのは虚偽だということになる。ほんの少しでも反省したことのある自己なら、自己を抑制すべきことについて少しは知っているはずだ」。（一二〇頁）

この科白はわかりやすいものですが、こういう人って、とくにわが国に、よくいますよね。軽佻浮薄に感情を吐露するやからを「子供っぽい」と頭から軽蔑し、そのことによって「大人」を自認している人です。私の妻はお茶の先生なのですが、茶道の世界はとくにそうです。いかに不当な仕打ちを受けても弁解を醜いこととみなす。利休は、まったくの言いがかりによって秀吉から切腹を命じられたときも、弁解せずにそれに従った。私は、こういう態度こそ反吐が出るほど嫌いであり、ソクラテスのように、言いたいほうだい洗いざらい数時間かけて弁解（弁明）してから、死刑になることに全身で共感します――このことを私は、二八年も前に刊行された『哲学の教科書』（講談社、一九九五年）にも書きました。

閑話休題。対話のための課題ですが、右の引用箇所のうち、「……それが真実であるなら、老人が肉体的な要求を感じながらすぐそれに従わないのは虚偽だということになる」という文章（だけ）をなるべく精密に解読してください。

対話19

ここのロジックはわりと簡単であり、「実にまったく愛すべき無頓着さで何もかもしゃべってしまう」人が、自分こそ「真実」の段階にあると「自称している」ことがあるが、この愚かな「直接性」賛歌を皮肉っているだけ。こんな「直接性」が「真実」なら、手足を思うように動かせる健康な子供や青年が「真実」であって、そうでない老いぼれは「虚偽ということになる」ということ。これだけのことです。
その吟味に入る前に、付け加えると、この書の訳者はデンマーク語から直接訳しているのですが――ちなみに同じくデンマーク語から訳している鈴木祐丞訳は、「老人が肉体的な衝動を感じながら、すぐにそれに従わないのは不誠実だということになってしまうだろう」（一一一―一一二頁）であって、ほぼ同じです――、しかし、ドイツ語訳では「老人」ではなく“Erwachsener（大人）”になっていて、この言葉の含みにつられて（?）、ドイツ語訳から訳している斎藤信治訳は、「大人が肉体的要求を感じてすぐにそれに屈しない時にはそれは虚偽だということにでもなりはしまいか」（一〇四頁）となっています。これは、大の大人が喜怒哀楽をそのまま出さないと虚偽になってしまう、というほどの意味でしょう。

しかし、このドイツ語訳においても、「肉体的要求」に「性欲」を入れるのはどうかと思います。というのは、“Erwachsener”の反対は“Kind（子供）”であって「青年」ではないから。百歩譲って、「大人」を中年以降としても、若者が「性欲を感じたら、すぐにそれに屈する」わけではないでしょうから、喩えとしてうまく機能していない。

だいたい、当時の常識からして「老人が性欲を感じても、すぐにそれに屈しない――あるいは屈する」という設定に無理がある。思い切り茶化して言うと、「老人が性欲を感じても、身体が思うように動かないので、相手に飛びかかれない」という感じで、さすがにキルケゴールでさえ（?）、こんなえげつないことを言うはずがない。また、その対極にある「直接性」の人間が、「小児期の第一期にある子供とだいたい同じくらいの地点」にいるのですから、これも性欲と結びつけるのは難しいでしょう。

ある程度、深読みするコツを覚え、それに快感を覚えている人が、共通に陥りやすい罠があります。それは、はじめにボタンの掛け違いをしながら、ぐいぐいと文章の背後に分け入って「探究」してしまうこと。こうならないためには、まず虚心坦懐に「文字通り＝表層」を読み取り、そして次に「その深層（真相）は？」という二段構えでいくこと、ずっと「表層」を取っておいて、いつもこの「表層」に照らし合わせて、「深層」の解釈を反省することが必要かと思います。

ところでわが絶望者は、自分のうちに閉じ籠もってしまって、自分にかかわりのない人をことごとく、したがってあらゆる人を、自己にかかわる事柄から、遠ざける、それだのに、外から見ると、まったく「一個の現実的な人間」なのである。彼は大学出の男であり、夫であり、父であり、そのうえ、きわめて有能な官吏でもあり、尊敬すべき父であり、交際では愛想がよく、妻に対してはきわめて優しく、自分の子供たちに対しては実によく面倒を見てやる。（一二〇―一二一頁）

どうでしょうか？　もう聞き飽きたほどなのに、キルケゴールはこういう立派な市民のことを執拗に語り続ける。これを単なる蔑視と解することはできないでしょう。彼にとって、こういう立派な輩《やから》は、かつて自分が憧れた、いやいまでも一抹のルサンチマンの対象であり、とても気になる存在なのでしょう。この後、次第に話は佳境に入りますが、長すぎるので、ここでは途中で切ることにします。

そして、キリスト者？　むろん、彼もキリスト者ではある、それなのに、彼はそれについて語ることを極力避けるのである、しかもそれでいて、妻が教化のために信心にいそしんでいるのを、彼は喜んで、一種の哀愁をこめた喜びをもって、眺めてもいるのである。（一二一頁）

さて、ここを対話のための課題にしましょう。とくに最後の一文、「しかもそれでいて……彼は喜んで、一種の哀愁をこめた喜びをもって、眺めてもいる」のはなぜか、想像を逞しくして、その微妙な心理を描き出してください。

対話 20

この課題に関しては、夫や妻というものの当時の社会的立場をもっと考える必要があるようです。

最後の一文、「しかもそれでいて……彼は喜んで、一種の哀愁をこめた喜びをもって、眺めてもいる」のはなぜかだけです。「想像を逞しくして」と書いたのは、多くの現代日本人はキリスト教国家における——男女の関係一般ではなく——結婚制度における夫と妻の意味（位置）がわからないだろう、と思ったから。すなわち夫は、家長として妻や子供を道徳的——すなわちキリスト教的に——教育する義務があり、夫は、子供に対してのみならず妻に対しても「保護者」なのです。ですから、結婚したてのころ、夫は、妻（だいたいハイティーン）が「教化のために信心にいそしんでいる」のを見ると、子供が学校で模範生であることを知るのと同様に「喜ぶ」というわけです。

ここまでは普通の話ですが、「一種の哀愁をこめた喜び」とは、自己自身を盲戸の向こう側に隠しているこの男の特殊な絶望の段階を示している。いまはいいであろうが、彼女が次第に熱心にキリスト教に邁進していくと、可能性として二つの道が開かれる。①世の中の表面的キリスト者のようになっていく、②自分のように絶望の段階を高めていく。どちらも「哀愁」を感じるのですが、どうもここは①に近い気がする。

つまり、妻が熱心に教会に通い、熱心に牧師の説教を聞いて、次第に普通の意味でのキリスト者になっていくことに対するアンヴィヴァレンツな感情とでも言いましょうか、一方で、自分のように真実のキリスト者になってほしい、しかし、それは大変苦しいことだから、むしろ普通のキリスト者として幸福になってほしい、しかし、それも悲しい……という「一種の哀愁をこめた喜びをもって〔妻を〕眺めてもいる」のです。

この書をレギーネに宛てて書いたということを真に受けて、さらに想像力を逞しくすると、「だから、私はあなたとの結婚に踏み切れなかった」というメッセージとも読み取れるかもしれません――が、こういう解釈こそ、架空の「深層」に陥る危険を孕んでいる……。

2　たった一人の牧師？

教会へは、彼はごくたまにしか行かない、たいていの牧師は自分の話すことをほんとうに知ってはいないように彼には思われるからである。彼はたった一人の牧師だけを例外と考えている。その牧師だけは、自分の話すことを知っている、と彼は認めている。しかし彼は、別の理由から、この牧師の話も聞こうとはしない、その話が自分をあまりに遠くへ連れていってしまうかもしれないことを、彼は恐れるからである。

（一二二頁）

このあたり、「彼」とは、実はこの書を書いたころのキルケゴールそのまま、というより、さらに穿《うが》ってみると、αの最後の段階に留まり（閉じ籠もり）、βに向かうことを躊躇している「彼」とは、レギーネと結婚して立派な市民として生活しながら、自己自身を直視することを避け続けていた……かもしれないキルケゴール自身のように思われる——だから、αの最後に、不調和なほどこの段階の「彼」の生態を付け足しているのかもしれない。

さて、これに関して、ここで言われている、「たった一人の牧師（ein einzelner Pfarrer）」とは誰かが問題になりますが、絞っていくと二つの可能性が残る。なお前項で「これがイエスを表わすことは明らかなので」（本書一六五頁）と書きましたが、以下に示しますが、それほど「明らか」でもないので、ここで訂正します。

①イエス。あるいは同じことですが、理念的に理想的な牧師。「たいていの牧師は自分の話すことをほんとうに知ってはいないように彼には思われる」けれど、「一人の牧師」は知っている。とはいえ、まともにその牧師の話を聞くと、「その話が自分をあまりに遠くへ連れて行ってしまうかもしれないことを、彼は恐れる」。つまり、彼の話を聞くと、それが、ようやくαの最後の段階でもちこたえている自分を完全に破砕して、盲戸を開け放って自己自身を直視する方向に自分を「連れて行ってしま

う」かもしれない恐れを感じるのです。

もう一つの可能性があります。それは、②当時のデンマーク国教会の総責任者であったミュンスター牧師。キルケゴールは、子供のころから父親を介してミュンスター牧師との個人的な付き合いがあり、彼こそ国教会でキルケゴールが唯一、敬愛している牧師でした。この書の刊行当時、キルケゴールは『瞬間』という自費出版のパンフレットで国教会批判を繰り返していたのですが、その底には、ミュンスター牧師だけにはわかってもらいたい、との願いが籠められていた。しかし、次第に希望を失っていく……。

そして、この書〔『死にいたる病』〕の刊行（一八四九年）の五年後（一八五四年）にミュンスター牧師は死に、その後継者であったマルテンセン牧師が、ミュンスター牧師への追悼演説において、「殉教者、真理の証の一人」と語ったことに対して、キルケゴールは「そんなことはない」と抗議し、ミュンスター牧師亡き後のデンマーク国教会に対して、まともに反旗を翻す。そして、わずかその一〇カ月後に路上で倒れ、翌年（一八五五年）、四二歳で死ぬのです。

この書の刊行は、まさにキルケゴールのミュンスター牧師への敬愛が真逆に転じる直前ですから（この書、桝田「解説」三八三―三八五頁参照）、すなおに読むと、「たった一人の牧師」は、「ミュンスター牧師」と解してもいいのかもしれません。

しかし、そう解すると、この男の絶望状態があまりにもキルケゴールの個人的状態に限定されてしまう。むしろ「イエス」と読むほうが、この男の絶望の段階をはっきり表わしている。すなわち、彼はもはやイエスしか相手にしないが、しかしイエスと向き合うことを恐れている……というように。そういうわけで、ここは決めないでおきましょう。

3 「閉じ籠もり」の反面をなす「人づき合いのよさ」

ところで、閉じ籠った絶望者は、トキオリ〔horis succesivis〕、それも永遠のために生きるというのではないけれども、しかし永遠なものと何かかかわりをもつときには、自分の自己の自己自身に対する関係を問題にしながら、生きることがある。しかし彼は格別それ以上に進むことをしない。（一二二頁）

ここもまさに当時のキルケゴールそのまま。この書の後ろの「解説」（三六一頁）には、当時のキルケゴールの日記から、次の箇所が引用されています。

いや、いや、わたしの閉鎖性はどうにもなおらない、少なくとも今はなおっていない。それをなおしたいという考えにわたしは絶えず心を奪われているので、その考えがますます深く根づいてくるばかりだ。（一八四八年四月二四日）

それにしても、「永遠のために生きるというのではないけれども、しかし永遠なものと何かかかわりをもつときには、自分の自己の自己自身に対する関係を問題にしながら、生きることがある。しかし彼は格別それ以上に進むことをしない」という者が、こういう微妙きわまりない境地を書いている当人〔キルケゴール〕以外だということがありえるでしょうか？

さて、しかし、これほどに閉鎖的な男が、実のところ表面的にはきわめて愛想のいい家庭人であり、社会人であること、これもキルケゴールが何度も強調するところであり、「彼」がどうしてもβに進まずαに留まる理由です。

そこで、永遠なものとかかわりをもち、孤独への欲求が満たされると、彼はいわば外へ出てゆく――妻や子供のところへはいっていって、彼らと談笑するときでさえも、彼をあのように優しい夫にし、あのようによく面倒をみる父親にしているものは、彼の生まれながらの人の善さと彼の義務感とを別にすれば、彼がその閉じ籠もった内面で自己自身に向かってなした自己の弱さの告白なのである。（一一二―一一三頁）

「彼」は一方で極端に自省的であり、慎重に「自己自身（自己のなかの永遠なもの）」をしっかり盲戸の向こうに押しやりながらも、それを意識して、すなわちそれとの距離を保って、その距離を確認して生きている。そして、その苦しい「訓練」――それに引っ張られすぎないこと、しかし、それを見失わないようにすること――に一定の区切りをつけたら、他方で、バランスをとるために「自分の外」に向かう。

さて、その具体例はわかりやすいでしょう。そうしてずっと読んできて、最後の文章に達するのですが、そのように彼が愛想のいい「家庭人」として振る舞うのは、「彼がその閉じ籠もった内面で自己自身に向かってなした自己の弱さの告白なのである」という意味がわかりましょうか？　ここを、次の対話のための課題にしましょう。

「閉じ籠もり」の段階の男は、何度も言いますが、神への反抗であるβの直前にいて、それに移行する必然性を感じながら、あえて最後の力を振り絞ってαにしがみついている。ということは、彼はβの苛酷さを知っているのであり、すなわちほんとうの信仰の苛酷さを知っている。先にも言いましたが、現代ののんべんだらりとした「勝利の教会」ではなく、イエスと同時代の「戦闘の教会」に憧れつつも怖気《おじけ》づいている。よって、盲戸を立てて向こうを覗かないようにしているのです。

言いかえれば、彼にはこの世の幸せに対する未練がある。よき仕事、よき家庭に恵まれて立派な市民として生きることに対する憧れがあり、これをむざむざ捨てられない……とこう書いていって想い起こすのは、キルケゴールの歩んだ道。レギーネと結婚し、牧師になり……という方向に全力を傾けたけれど、なぜか自分の意志でそのすべてを投げ捨てたことに、ずっとこだわっているのでしょう。

こうした文脈に置いてみると、この男は現実のキルケゴールではなく、自分はそうできなかったけれど、そうあったかもしれないキルケゴールであって、文章の端々にこの男に対する優しい眼差し、いや憧れさえ感じ取れるのも、このせいでしょう。

詮索すると、ここに出てくる「自己の弱さ」という言葉ですが、それは、彼を優しい夫にし、あのようによく面倒をみる父親にしているものなのですが、二重の意味があるように思われる。

その一は、βに進んでいかない「自己の弱さ」ですが、これと密接に関係して、もう一つある。それは彼がこういう俗事を愛している、捨てられない、ということ。βに進んでいかない理由は、それが大変苛酷であることを知っているからというほかに、いまの平和で幸福な生活を捨てたくないからであることは明白でしょう――このすべてを捨ててしまった観点から語っているという複合構造があります。

とすると、彼は自己自身に向かってこの二重の弱さを絶えず告白することによって、どうにかバランスを保っている。いや、もっと読み込むと、そうしながらいつかこのバランスが崩れて、もうどうしようもなくβに進まざるをえなくなることを期待しているところさえある。

4 「弱さ」を自認する傲慢

ここからあと、ますますキルケゴールのαの最終段階の記述は微妙になっていきます。

彼の閉じ籠もった心の秘密にあずかりえた人があるとして、もしその人が彼に向かって、それは傲慢というものだ、実のところ、きみはきみの自己を誇りにしているのじゃないか、と言ったとしても、おそらく彼は相手にそのとおりだと告白するようなことはないであろう。しかし、彼が自分だけひとりきりになったときには、そのことばにはいくらかもっともな点のあることを、おそらく彼は承認することであろう。

（一二三頁）

こういうことはよくありますね？　人は、一般に他人の苦しみをそれほど認めようとしない。とくに自分の悩みこそ独特だと言う人を激しく嫌う。そして、そういう人を傲慢と断ずるのです。そして、そう言われた「彼」は、その他人の言葉をその人の面前では否定するのですが、「ひとりきりになったときには、その言葉にいくらかもっともな点のあることを」承認する。これも、よくあることですね。

さて、これがはじめの段階ですが、キルケゴールの分析は、さらに次々に高度の自己反省の段階へと進んでいきます。

けれども、彼の自己に自分の弱さを認めさせたあの情熱が、すぐにまた彼にこう思い込ませてしまうことであろう、自分が絶望しているのは、ほかならぬ自分の弱さについてなのだから、それが傲慢でありうるはずがない、と——これはまるで、弱さをそのようにとてつもなく強調することが傲慢ではないかのような言いぐさである、彼が弱さの意識に堪ええないのは、彼が自分の自己を誇りたいからのことでないかのような口ぶりである。（一二三頁）

三行目のダーシ（——）の前までが、「彼」の独白部分であり、その後がそれに対する他人の感想、そして、ややこしいのですが、その両方ともキルケゴールです。久しぶりに、扉の「アンティ・クリマクス著、セーレン・キルケゴール刊」という文字を思い出してもらいたいのですが、弱さの絶望に伴う傲慢を必死に否定しているのが、後者の（若いころの）キルケゴールであり、それをウソだろうと見破り、嘲笑しているのが、前者のアンティ・クリマクス（真の信仰に達したキルケゴール）です。

ここの分析は（個人的に）きわめて興味深いところで、キルケゴールに「よくぞ言ってくれた！」と大讃辞を送りたいほどです。

誰かが「私は弱いから……ができない」と言うと、かならず世間では――という雑な言葉を思わず使ってしまいますが――、絶対に許してくれない。「それは傲慢だ」という返事が返ってくるのです。という私自身、こう語る人を絶対に許さず、さらに責める傾向がある。授業中、「私は哲学のことは何も知らないから」と弁明をする人が大嫌いで、「そんなことわかっているから、言うな」と答える――「弱い」と言えば許されると思っている人の保身の姿勢が、かえって傲慢に響くのです。

さて、他人の「弱さ」を認めようとしない「誰か」は、さらに追い討ちをかけます。

――誰かが彼に向かってこう言ったとする。「それは実に奇妙な混乱だ、実に奇妙な紛糾だ、思うに、不幸は実は、考えがもつれ合っているそのもつれ方にあるのだ。これがもつれてさえいなければ、それこそまさに正常なのだ、それこそきみの進むべき道なのだ、きみは自己に対する絶望をとおして自己へ進まなくてはならない。きみが弱いということは、まったくほんとうだ。しかしきみが絶望しなければならないのは、そんなことについてではない。自己が自己となるために破られねばならないのだ、そんなことについて絶望するのはやめたまえ」。（一二三頁）

他人の相談にのり、こう答える人も多いですね。この箇所をあえて翻訳すると、きみの悩みもわかるけれど、きみの考えは「もつれ合っている」からいけない。きみがいまできることとできないこと、そしていま何をしたいのか、それを妨げているものは何か、とすべてきちんと整理したら、道も開けてくるんじゃないかね……というぐじゃぐじゃ悩んでいる人にはいっこうに効き目のないお説教です。

さて、キルケゴールに戻ると、この「閉じ籠もり」の男は、「自己が自己となるために〔盲戸が〕破られねばならない」こと、「そんなこと〔地上的な或るものについて、あるいはそれを失うこと〕について絶望するのはやめる」べきであることはよくわかっている。でも、いざβに向かおうとすると足が竦《すく》んでしまうのです。

——誰かがこう言ったとしたら、彼は情熱をもたない瞬間には、それを理解するであろう、しかしやがて情熱がふたたび見誤りをさせるであろう、そこで彼はふたたび方向を逆転して、絶望のなかへはいってゆく。（一二三—一二四頁）

これを対話のための課題にしましょう。すべては「情熱」とは何かの解読にかかっています。

対話22

ここを課題にしたのは、前に挙げた図式——βに進むのを躊躇してαに留まっている状態（本書一七六頁）——を超えてもらいたかったから、すなわち、ここで言う「情熱」が普通の（正統的ルター派の）「信仰への情熱」とは真逆であることを、どこまで読み解けるかが問題で、それはまたキルケゴールのイロニーが読み解けるかどうかにつながります。

「こう言った」内容は、「そんな、ごちゃごちゃ、地上のことに対する絶望αに留まっていないで、さっさと次の段階に進んだらどうかね」ということ。ここで、まず読み取ることが必要なのは「誰か」とは、キルケゴール的に特殊な絶望段階論を標榜している者ではないだろうと勘を働かせること。といって、それは、「たった一人の牧師」ではないでしょうから、まあ、ごく普通の牧師ないし真のキリスト者と考えるのが妥当であり、とすると、「そんな世俗の幸福に執着せずに、すっきり信仰に入ったらどうかね」という凡庸な助言だと解するのが自然でしょう。

　つまり、この「誰か」が登場してからの語調から、これがキルケゴールの真の絶望の思想を知っている者と解することはできないでしょう。ここで重要なことは、この閉じ籠もりの男は、自分がもはやαの段階がもちこたえられないことを意識している、ということ。ですから、彼が「ふたたび方向を逆転して、絶望のなかへはいってゆく」ということは、すなわちαに留まり、βにいたるしかないことを意味する。よって、ここに現出しているのは、αとβとのあいだの綱引きというより、むしろ、——αの次に来るはずの——正統的ルター派の救済とキルケゴール的絶望の最高段階とのあいだの綱引きであると考えていいでしょう。

　すると、「彼は情熱をもたない瞬間には、それを理解するであろう、しかしやがて情熱がふたたび見誤りをさせるであろう」という続き具合も見通しがよくなってくる。つまり「〔βへ進む〕情熱をもたない瞬間には」、いまの自己欺瞞的幸福にも未練があるが、そのあともっと豊かで平和な信仰生活が待っているならそれもいいかな、と安直に傾いてしまう。これが「情熱をもたない」状態なのですから、「情熱」は、正統的ルター派の信仰への情熱とはむしろ真逆なものであるはず。すなわち、彼が「ふたたび方向を逆転して、絶望のなかへはいってゆく」とは、このままαに留まり、βにいたるしかない絶望への情熱と言っていいでしょう。

　ここで、やはり「老爺心」からふたたび言っておきたいのですが、キルケゴールを読むときに、まじめな読者ほどひっかかってしまうのは、キルケゴールは真のキリスト者の道をストレートに示している、と優等生的素直さ（?）で読んでしまうことです。しかし、キルケゴールはこの書をイロニーという独特のイヤミな方法（?）で書いていることを忘れてはならない。

　ここで、絶対に忘れてならないことは、どこまでいっても「絶望は信仰の逆である」という公式です。この書には、正統的ルター派からの観点が、底に通奏低音のように流れている。「絶望」というキーワードからしてそうです。これは、キルケゴール的視点からすれば、むしろ「希望」としたほうがいいはずでしょう。すなわち、絶望はルター派からすればもっとも信仰から遠いものであることは重々承知しているが、あえて自分は「清水の舞台から跳び降りる気持ちで?」この言葉を使う、という決意を感じなければならない。

　よって、こうしたことを身体の芯まで自覚して絶望の段階を進むという「情熱」が戻ってくると、「情熱がふたたび見誤りをさせるであろう」。キルケゴールはこの箇所でイロニーを効かせている。正統的ルター派の立場からすると、これほど言っても、その強情な「閉じ籠もり」の男は、信仰とは真逆の絶望の高まる方向を目指しているのだから、「〔彼の〕情熱がふたたび見誤りをさせる」のです。これを彼の視点から見直せば、「そこで彼は（ルター派の「誰か」による穏健な信仰への誘いをふっ切って）ふたたび方向を逆転して、絶望のなかへはいってゆく」、そしてβに進む準備をしている、というわけです。

さきに述べたように、このような絶望は世間ではかなり稀である。ところで、絶望が、ただ足踏みをしているばかりで、いつまでもこの点に立ちどまっていることをしないとしたら、しかも他方において、絶望者が信仰への正しい進路を取るにいたるような変化がおこらないとしたら、そのときこの種の絶望は、一段と高い形態の絶望に高まりながらなお閉じ籠もりの状態でありつづけるか、それとも、絶望が殻を破って外に出《い》で、そのような絶望者がいわば微服としてまとって生きていた外衣を脱ぎ捨てるか、そのいずれかである。後の場合には、このような絶望者は実人生のなかへ、おそらく大事業という気晴らしのなかへ、おどり出ることであろう。彼は安らいを知らぬ精神となり、この世に存在したことの痕跡を存分に後に残すことであろう、この安らいを知らぬ精神は忘却を欲する、そして内部の喧噪があまりにも激しいので、リチャード三世が母の呪いのことばを耳に入れないために用いた手段とは違った種類のものであるにしても、なにか強力な手段が必要となる。あるいはまた、彼は官能のなかに、おそらくは放蕩のなかに、忘却を求めようとする、彼は絶望して直接性へ戻ろうとする、しかし、彼は、彼があろうと欲しない自己についての意識に、たえず付きまとわれているのである。（一二四頁）

この箇所で、ずっとこの書をまじめに読んできた者は面喰らうかもしれない。というのも、真の信仰は絶望を通してしかないという大前提のもとに読んできたはずですが、「絶望者が信仰への正しい進路を取るにいたるような変化が起こらないとしたら」とあり、「そのときこの種の絶望は……〔α〕なお閉じ籠もりの状態でありつづけるか、それとも、〔β〕絶望が殻を破って外に出で……外套を脱ぎ捨てるか」とある。

とすると、この書のα↓βをとらない信仰への道があるようです。しかし、どう読んでも、それはイエスのような人なら辿れると言えるだけ、理念的に――論理的可能性として――そう言えるだけであって、あらゆる現実の人間はとれない道です。その他のことは解説を必要としないでしょう。

このあと、「後の場合には〜」以下はわかりやすいので解説は省きます（訳注〔桝田注（115）〕を参照）。平和な家庭人が突如気が狂ったのか、すさまじい犯罪に走るという場合でしょうか？　ゴーギャンのように、豊かな商人が、あるとき会社も家庭も何もかも捨ててタヒチに渡り、画家になる。あるいは、アラビアのロレンスのように、考古学者でもあったイギリス軍人がアラビアで独立運動の首領になる。冒険家、探検家、革命家、あるいは人道支援のために戦渦の土地に赴く人……も広くこうした段階の絶望に組み入れられる。

しかし、西行や熊谷直実《なおざね》のように武士を捨てて出家するとか、あるいはずっとくだって種田山頭火《さんとうか》のように家業を捨てて俳人＝乞食坊主になるというのとは、ちょっと違うようです。こう書いてみて気づいたのですが、東洋には珍しくもないこうした「出家・遁世」型の絶望の段階はどちらかというとαよりβに近いのですが、もちろん「神に対する反抗」でもなく、むしろすべてに反抗し、すべてを受け容れるという絶望ですが、これがキルケゴールには完全に欠如しているのです。

5　αの最後の段階

次にキルケゴールは、αの「閉じ籠もり」の段階が、ほとんどβに届くありさまを描写している。

前の場合には、絶望は、その度が強められると、反抗となる、そして弱さを云々していたことがいかに虚偽であったかがここで顕《あら》わになる、自分の弱さについての絶望こそ、反抗の最初の表現にほかならないことが、弁証法的にいかに正しいかが明らかになる。（一二四─一二五頁）

これはαの最後の段階と言っていいのですが、βとどう違うのでしょうか？「反抗の最初の表現」とは何か？「弁証法的に正しい」とはいかなることか？前にも言っておいたのですが、キルケゴールのこの段階（αの最後）に対するこだわりは尋常ではない。α1、α2、α3……とゼロに限りなく近づいてもゼロになりえない無限系列のように、限りなくβに近づいてもβになりえない段階を、これでもかこれでもかと語り続けている。

しかもここに付すべき大きなクエスチョンマークは、この段階のいずれもキルケゴールが現実に辿った過程ではないということ、彼は家庭をもたなかった（よって妻子もなかった）し、市民的観点から立派な職業についたわけでもない。この要素を加えて考察すると、彼のうちでは、レギーネとの結婚によって開かれる幸福な市民生活（地上的な或るもの）に対する憧れは思いのほか強かった、と思わざるをえない。

キルケゴールはレギーネとの婚約を破棄して、彼女と彼女の家族を徹底的に傷つけ、自分自身コペンハーゲン中の笑いものになりますが、どうもこの醜態による傷を度外視して、この書を読んでも、真の意味を解せないのではないか？　この書は、客観的な絶望の段階を語っているふりをして、自分固有の絶望の高まりを語っている、それがすなわち真理だという、すぐあとで言う真理観に支えられているように思われます。

ですから、キルケゴールがαに異様にこだわり、滞留しているのは、実際に与えられなかった市民生活に憧れる「自己自身」についての絶望、まさにαの2「自己自身についての絶望」にこだわっているからなのでしょう。ですから、この文脈に置くと、βの「神への反抗」は、自分をこんな目に合わせている神への反抗とも読める。この視点から見返せば、やはりそこまで居直れない段階であるαが、いつまでもいつまでも続くのです。

こうした観点からこの箇所を解読すると、「絶望は、その度が強められると、反抗となる。そして、弱さを云々していたことがいかに虚偽であったかがここで顕わになる」のですから、βの段階そのものですが、それに続いて「自分の弱さについての絶望こそ、反抗の最初の表現にほかならない」とありますので、「反抗」ではなく、その「最初の表現」であることがわかる。

この次に、「弁証法的にいかに正しいか」とありますが、この書き方は雑であり、弁証法とは普通、われわれが「矛盾」と称する事態ですから、αとβが対極的に並んでいて、「自己自身であろうと欲しないでいて、かつ自己自身であろうと欲する」段階、あるいは「弱さの絶望であって、かつ神に反抗する」段階となりましょうか。

これを言いかえれば、αであってかつβである段階でもあります。βにいたると神を正面に据えて反抗するのですが、まだ斜めから見て反抗している、βにいたると神に反抗的言葉をぶつけるのですが、まだ表現しきれないで、体内に燻《くすぶ》っている。そして、βとの大きな違いは、次にあるように自殺の危険と隣り合わせだということ、βは自殺ができないことを悟った段階ですから。

こう見てくると、後の場合の「大事業という気晴らし」は単なる横道であって、前の場合こそβにいたる王道だということがわかります。

八　自殺と反抗

1　ギレライエ

このあとのテーマは「自殺」です。「一八三六、三七年〔キルケゴール二二、二三歳〕の日記」には、「自殺こそ最大の救いであるという絶望的な記述がちらついている」（『キルケゴール』人と思想19、工藤綏夫、清水書院、二〇一四年、五九頁）と。

その同じころ（二二歳の夏）、キルケゴールはコペンハーゲンから五〇キロほどのところにある、ギレライエにひとり旅に出かけます。その旅から帰って、彼は「主観性が真理だ」ということを発見したと日記に書き、それが――ヘーゲルの客観主義に反抗する――実存主義の始まりだということになっている。

ギレライエの外れの、ある海岸通りにその石碑が立っていて、私は二〇〇九年八月にそこを訪れました（一回目は曇り空だったので、快晴の翌日も）。二回とも私以外、誰もいなかった。私はその石碑の立っている海岸近くの草原で、しばらく横になってうとうとしていた。そして、海からの心地よい風を受けて、ああ、天国がこんななら死んでもいいかな、と思いました。そこから、霞んで見えるスウェーデンにも渡りました。

「主観性に真理がある」のであれば、この「私」を追求することによって真理（神）に達することができる。しかし、彼はそのころ同時に自殺寸前にあるほど絶望していたのです。この大きな心の揺れが、この書のこの辺りに出ているように思われます。

しかし最後に、閉じ籠もりのなかで足踏みしている閉じ籠もった人間の内部を、もう一度、少しばかりのぞいてみることにしよう。この閉じ籠もりが絶対的に、アラユル点ニオイテ完全ニ〔omnibus numeris absoluta〕、保たれる場合には、自殺が彼にもっとも身近に迫る危険となるであろう。もちろん、人々はたいていの場合、そのような閉じ籠もった人が何をうちに秘めていることができるかについて、夢にも知りはしない。もし人々がそれを知るにいたったら、彼らはびっくりすることであろう。しかし自殺はやはり、絶対的に閉じ籠もっている人の危険なのである。

（一二五頁）

この文章はその体験者自身（すなわちキルケゴール）でないと書けないと思います。こうした直感――読者のなかには別の感じを抱く人もいるでしょうが――も哲学書の読解には絶対に必要なことでしょう。

2　絶望とその告白

ところがそれに反して、もし彼が誰かに語るならば、たった一人の人にでも心を打ち明けるならば、おそらく彼の緊張がゆるむか意気が沈むかして、閉じ籠もりの結果として自殺するというようなことはなくなるであろう。このような、ひとりでもその秘密にあずかり知るもののある閉じ籠もりというものは、絶対的な閉じ籠もりよりも、一音階だけ調子がゆるめられているのである。だからおそらく彼は自殺しないですむであろう。

（一二五頁）

ここでまた「たった一人の人」が出てきますが、イエスのようでもあり、といって、ミュンスター牧師と決めてかかるのも抵抗がありますので、ここでは「一人の理想的な相談相手」としておきましょう。さて、ここが対話のための課題です。前にも（この書六二、八五頁）楽器の話は出てきますが、「一音階だけ調子がゆるめられている」とは何のことでしょうか？　これは、キルケゴールのイロニーを正確に把握して正確に答えを出すという練習です。

対話23

いまやαの段階の最後であって、キルケゴール自身の心境がリアルに出ているところであり、解説のほうはこの辺りでβに進みますが、その前に、αの段階を正確にとらえ直す必要もありましょう。

大筋は、ここまできた自殺寸前の男は、もうこのまま自殺するか、そうでなければβに進むしかないということ。問いの要《かなめ》はさらに三つあり、一つは、「たった一人の人」に打ち明けることは、最終的な救済にとってプラスかマイナスかということです。そして、二つ目は、「一音階だけげずれている」をなるべく具体的にとらえること。そして三つ目は、βに進めば「神への反抗」に全精力を使い果たすわけですから、つまり盲戸を蹴破って、「自己における永遠なもの」さらにはその背後の神を完全に見てしまうのですから、もはや自殺はできなくなる、ということ。αの最後のこの「閉じ籠もり」の段階こそが、自殺のラストチャンスなのです。

自殺寸前までいたった「閉じ籠もり」の男が、誰か信頼できる人に「心を打ち明ける」ということは、いたずらにαの段階を引き延ばすだけということを、彼は知っている。本来はいまこそ、誰にも相談せずに、βに進むチャンスなのです。

まず、しっかりおさえておかねばならないことは、彼が自殺したいのは、βに進むことは、すなわち神の面前に出ること（coram Deo）であり、それが、自殺のほうがマシなほど怖いからです。自分が神と対峙したら、ありとあらゆる仕方で神に反抗することになるに決まっている、このことを知っているからです。その厳しさが彼をひるませ、αに留まることのできる方策を誰かに教えてもらいたいと願う。

しかし、たとえそれがどんな回答であろうと、この段階にしてさらにαに留まることは、もはや――サルトルの言葉を使えば――自己欺瞞なのですから、その生活は「緊張がゆるむか意気が沈むかして」のんべんだらりとしたただの引き延ばしとなるでしょう。ここの核心は、よって、ほんとうの救済を求めるなら、誰にも打ち明けてはならないということです。そうしないで自殺せよということではなく、誰にも打ち明けないと自殺するしかない。だが、その力を転化してβにいたる力となせ、ということでしょう。

逆に、誰かに打ち明けた場合、――ここが大事です――彼は永遠にαに留まり、βにいたらないままに死ぬでしょう。その後の人生において、彼は自殺しないという意味で生き続けるでしょうが、ただ生きているだけの、弛緩した、腑抜けの、惨めな生き方しかできないでしょう。それをキルケゴールは、「一音階だけ調子がゆるめられている」と喩えている。

この喩えはなかなか含蓄が深く、とくに管楽器の場合、「一音階だけ調子がゆるめられている」と、奇妙な、間延びした、まさに緊張のない音が出てくる。誰かに秘密を打ち明けて自殺を思いとどまり、そんなだらけた音を出してαにしがみついても虚しくなるだけでしょう。さらに読み込むと――これは読み込みすぎを自覚していますが――、心を打ち明けると、その他人の息が混入して、「一音階だけ調子がゆるめられ」るのかもしれません。他人の意見によって自己自身を濁らせたまま、ただ生き続けるということです。

私は最近、事務所に据えたピアノフォンで、この機会に知っている楽曲を一音階だけ（低いほうに）ずらして弾いてみましたが、ああ、こういうことか、と再確認しました。それは、奇妙な感じではありますが、たしかに「同じ（αという）メロディー」なのです。

第三の点に関して、以下のβの段階の解説に譲ります。


けれども、自分で他人に心を打ち明けておきながら、打ち明けたそのことについて彼が絶望し、ひとりの関知者をうるよりもむしろ沈黙を守り抜いたほうがどれだけよかったかしれないと彼に思われることもありうるのである。そのような閉じ籠もった人が、腹心の者をえたばかりに、絶望におとしいれられたというような実例は、世間にいくらもあるのである。その場合でもやはり結果は自殺となりうるのである。

（一二五―一二六頁）

これが「世間にいくらでもある」かどうかは知りませんが、キルケゴールは、若いころからすべての他人を、深いところで切っているように思われる。彼が、ほとんど師も友人もいなかったことは、これを物語っているでしょうし、それに代えて、彼の他人に対する「遠方からの」執拗な茶化しや嘲笑もまた、このことを示しているように思われる。すなわち、他人とは彼にとっては純粋な「客体」なのです。

キルケゴールは、ニーチェとはどこまでも対極的人間です。ニーチェはワグナー、コジマ、ルー・ザロメなどに憧れ、追いかけ、いずれもその愛が報われなかった。ギムナジウムのときから親友もたくさんいて、彼は基本的に人恋しい男なのであり、男に対しても女に対しても相手に「完全な関係」を期待し、その結果、相手はその重荷に堪えられず、ニーチェの手からすり抜けてしまい、気がついたらひとりになっている――ニーチェにはすべての人から裏切られた気分だけが残る。

しかし、キルケゴールは自分の魅力と才能に対して一〇〇パーセント自信をもっていて、どんな人でも惹きつけ、かつ捨てることができる。つまり、自分が他人を操縦し、騙す才能のあることを自覚している。ニーチェがラブレターのような手紙を狂気の直前まで母親に送り続け、自分の将来の成功を得々として描いて見せているのに対し、キルケゴールは父の死後、たったひとり残った身内の弟とも縁を切ります。

ニーチェが狂気に陥ったとき、友人のフランツ・オーバーベックによって、愛する母と妹の待つナウンブルクの実家に戻され、八年間、二人に子供のように愛されて死んだのに対して、キルケゴールは父の残した遺産を使い果たし、路上で転倒し、病院に担ぎ込まれ、しばらく後に死んだ。臨終の際も牧師の弟を呼ばなかったし、懺悔もしなかった。人間的には徹底的に孤独な人、まさに神に対していただけの人のように思われます。

以上のことから先の箇所を推察するに、キルケゴールは快活で社交的ですが――エミール・ベーゼニという、（工藤綏夫さんによると）「たったひとりの友」もいたようですが――、はっきり「人間嫌い」と言っていいでしょう。これに対して、いつも人間に向かって吼え続けるニーチェは、かなりの「人間好き」です。キルケゴールには、人生の早い時期から、なにごとも誰にも相談せずに自分ひとりで決めてきた、という逞しさと寂しさがまといついている。この箇所などを読むと、彼はむしろ他人に絶望してきたのではないか、と思われますが、いかがでしょうか？

創作の上でなら（その人物が、たとえば、国王あるいは皇帝であると、創作上ノ想定をしてみると）、彼が腹心を殺害せしめるというふうに破局が構成されることもできるであろう。ここにひとりの悪魔的な暴君を思い浮かべることができよう、彼は自分の悩みを誰かに語りたいという衝動を感ずる、そしてその結果、一人また一人と、多くの人間を消耗していく、彼の腹心となることは死をまぬがれぬことだからである、つまり、暴君が彼に心を打ち明けるやいなや、彼は殺されてしまうだろうからである。腹心をもたずにはいられず、しかも腹心をもつこともできないという、悪魔的な人間のうちにひそむこのような苦悩にみちた自己矛盾を、このような仕方で解決して描写することは。詩人に課せられた仕事であろう。（一二六頁）

なお、ここで「悪魔的な人間」という表現がはじめて出てきますが、注目していいでしょう。一三五頁からあとはこの「悪魔的」（teuflisch）という形容詞が多出します。

3　絶望して、自己自身であろうと欲する絶望──反抗

ここでやっとαの段階を終え、絶望の最終段階であるβに進みますが、はじめから、──現代的な意味では──問題発言が出現してくる。

αの項で述べたものが女性の絶望と呼ばれうることが明らかにされたが、この絶望は男性の絶望と名づけられることができる。したがって、この絶望も、さきに述べたものとの関係から見て、精神の規定のもとに見られた絶望である。そして事実また、男性こそが精神の規定に属しているのであって、これに対して女性は一段と低い綜合なのである。（一二六頁）

この絶望の最高段階は、「絶望して、自己自身であろうと欲する絶望」ですが、女性はこの段階にいたりえない、とキルケゴールは断言する。問題は「精神の規定」という概念であって、「男性こそが精神の規定に属している」というさらなる断定です。この書の第一篇Aの最初の文章を憶えているでしょうか？

人間は精神である。しかし、精神とは何であるか？　精神とは自己である。（二七頁）

この文章に先の文章を重ね合わせると、人間は男だけとなり、キルケゴールがこの書で対象にして

いるのは男だけとなる。これは先の「神との関係においては、男と女といったような区別は消滅するが、……実際には、多くの場合、女性はただ男性を通じてのみ神に関係するのではある……」（九七頁）という部分とも呼応している。

考えてみたら、「閉じ籠もり」の女がいてもいいはずなのに、男の例だけであり、立派な女の市民もいていいはずなのに、男だけ。時折思い出したように「女性」が出てきますが、実のところキルケゴールは男の立場からしかこの書を書いていない。女は男の客体なのです。彼はどちらかというといわゆる「女好き」ですが、きわめて古典的であって、女性を対等に見たこともなく、女性のかわいさ、従順さ、優しさだけを愛している……というわけで、はじめに書いたように、現代的にはもっとも問題を含む男なのです。

レギーネに対する恋もきわめてエゴイスティックであり、相手のことを寸分も考えていない感じです。実のところ、この恋愛は破綻したので、わからないのですが、私見では、彼は友情をもちえないように恋愛もできない男という感じです。『(旧約) 聖書』に出てくる預言者のように、神以外を愛せない男と言ってもいいでしょう。

αの2の項で述べられた絶望は、自分の弱さについての絶望であった、すなわち、絶望者が自己自身であろうと欲しないのである。ところが、弁証法的に一歩を進めて、このような絶望者が、なぜ自分は自己自身であろうと欲しないのかというその理由を意識するにいたるならば、事態は逆転して、反抗が表われる、というのは、このときこそ絶望者が絶望して自己自身であろうと欲するのだからである。

（一二六―一二七頁）

「弱さの絶望」から「強さの絶望＝反抗」へと「逆転」する力学は、「なぜ自分は自己自身であろうと欲しないのかというその理由を意識するにいたるならば」だけであり、単純すぎて面喰らいます。この文章が意味するのは、αの最後に長々と書いていた、αの「長引かせ」が結局無駄だと悟ったら、ということでしょうか。

次の文章からβの最後まで緊張した文章が続き、それが次第に息をつかせぬほどに高まり、そして最後はふっと救済に達したという感じもないままに、途絶えてしまいます。

最初に、地上的なもの、または地上的な或るものについての絶望があり、次に、永遠なものに対する、自己自身についての絶望がくる。それから、反抗が表われるのであるが、これはもともと永遠なものの力による絶望であり、絶望して自己自身であろうと欲して、自己のうちにある永遠なものを絶望的に濫用することである。（一二七頁）

これまで何度も書いたように、「自己」のなかには「永遠なもの」があるのですが、盲戸が蹴破られたこのβという段階では、まさにこの「永遠なもの」が顕わになり、それが「力」をもって躍り出てくる。そして、この段階にいたった人は、「閉じ籠もり」の人とは逆に、この「永遠なもの」を「濫用」する、つまり必要以上に使い尽くす。「永遠なもの」のさらに背後には神がいるのですから、あえて言えば、それを直視して、「さあ！　さあ！」と絶え間なくそれに問いかけを挑む、という態度でしょうか。

しかし、反抗が永遠なものの力による絶望であればこそ、反抗は或る意味で真理のすぐ近くにあるのであるが、しかしまた、真理のすぐ近くにあるからこそ、反抗は真理から無限に遠く隔たっているのである。（一二七頁）

ここだけ読むと、何のことだかわからないでしょうが、これは抽象記述ではなく、解読のヒントは次の箇所にある。

信仰への通路である絶望もまた永遠なものの力によるものであって、そこでは自己は、永遠なものの力によって、自己を得るために自己自身を失う勇気をもつのであるが、それとは反対に、反抗にあっては、自己は自己自身を失うことから始めようとはしないで、自己自身であろうと欲するのである。（一二七頁）

ここではじめてキルケゴールは、「信仰への通路である絶望」と「反抗」とを区別しています。β の標題では、前者はなかったはずで、実際これからの記述も後者だけであり、キルケゴールはもっとも重要であるはずの「信仰への通路である絶望」の段階を書いていない。つまり「反抗」は、この書では「真理のすぐ近くにあるからこそ、真理から無限に遠く隔たっている」絶望の最後の段階なのです。

「反抗」においては、「自己は自己自身を失うことから始めようとはしないで、自己自身であろうと欲する」、すなわち前者のように「永遠なものの力によって、自己を得るために自己を失う勇気をもつ」ことがない。ここで自然に想い起こされるのが、『(新約) 聖書』「マタイ伝」の次の箇所です、

だれでもわたしについてきたいと思うなら、自分を捨て、自分の十字架を負うて、わたしに従ってきなさい。自分の命を救おうと思う者はそれを失い、わたしのために自分の命を失う者は、それを見いだすであろう。(一六章25、26節)

さて、以上の「謎」には、いまの段階ではなかなか答えられないのですが、とにかく、この「第一篇 死にいたる病とは絶望のことである」は、このイエスの言葉 (真理) を髣髴《ほうふつ》とさせながらも、最後はこの「真理のすぐ近くにあるからこそ、……真理から無限に遠く隔たっている」β (反抗) で終わっている。この意味の解明は、――カントの「物自体」のように――キルケゴール読解の根幹にかかわり、軽々に語ることはできず、あるいは解明できないかもしれない……とお茶を濁して (?)、終えます。

4 行為としての絶望――反抗

さて、この形態の絶望には、自己についての意識の上昇があり、したがって、絶望が何であるかについての意識も、自己自身の状態が絶望であることについての意識も、いっそう大きくなっている。ここでは、絶望は一つの行為として自己を意識している、すなわち、絶望は、外部の圧迫

による受難として外からくるのではなく、直接に自己からくるのである。このようにして、反抗は、自己の弱さについての絶望に比べると、やはり新しい性質のものである。

（一二七―一二八頁）

まず、翻訳ですが、この「反抗」は鈴木祐丞訳ではやはり「反抗」ですが、斎藤信治訳（岩波文庫）は「強情」となっている。その――デンマーク語はわかりませんが――ドイツ語は"Trotz"であって、前置詞の「〜にもかかわらず」にも関連しますから、相手がある（「寒さにもかかわらず」の相手は「寒さ」）。そして、この場合、相手は「神」なのですから、「神への反抗」のほうが「神に対する強情」よりいいでしょう。

この段階の絶望はαに比べて、ただ絶望の弱さが強さに変わっただけではない。「自己についての意識の上昇」は単なる量的上昇ではなく、むしろその絶望の構造ががらりと一変している。「ここでは、絶望は一つの行為として自己を意識している」とは、行為とはすなわち意図的行為であるという近代哲学の公式がその基礎にあります。すなわち、行為とは「直接に自己からくる」のであって、自分で選び取っているのです。

αの段階も広い意味では自己からくるのでしょうが、やはりそれは弱いものであって、追い詰められて途方に暮れているという感じであって、「受難」とは言えないまでも、受身的な性格がかなりある。しかし反抗は、はっきりした能動的・意図的行為なのです。

絶望して自己自身であろうと欲するためには、無限な自己というものの意識がなければならない。

しかるに、この無限な自己とは、もともと、自己のもっとも抽象的な形態、もっとも抽象的な可能性にすぎないのである。しかも彼が絶望してそれであろうと欲するものは、まさにこの自己なのであり、それだから彼は自己を、自己を措定した力に対するあらゆる関係から引き離そうとしたり、あるいは、そのような力が現に存在しているという観念から自己を引き離そうとしたりするのである。

（一二八頁）

ここで突如、「無限な自己」が出てきますが、人間的自己はそれ自体有限でありながら、「自己のなかの永遠なもの」を含んでいますから、はじめにあったように、「人間は無限性と有限性との……二つのもののあいだの関係である」（二七頁）ことになります。

また、この箇所を読み解くには、「……自己は、自分で自己自身を措定したのであるか、それとも或る他者によって措定されてあるのであるか、そのいずれかでなければならない」（二八頁）という箇所を思い出すことが決定的に必要でしょう。もちろん、人間は「或る他者〔すなわち神〕によって措定され」たのですが、「反抗」の段階にいたった人は、このことを知りつつも、「自分で自己自身を措定した」かのような態度をとってしまう。

これってきついですよね。いわば「ほんとうの自分」という敵に向かって闘いを挑んでいるのですから、人格分裂してしまいそう。ここに、αより高い——より苛酷で、より辛い——βという絶望の根っこがあります。

以上の箇所（この書一二八頁）を算入すると、これからの箇所も読めてくる——算入しないと、絶対に読めない。すなわち、この「反抗」の段階にある「無限な自己というものの意識」とは、神がこの自己を措定したという本来的要素を取り去ったという意味で、「自己のもっとも抽象的な形態、もっとも抽象的な可能性にすぎない」。だからこそ、「彼は自己を、自己を措定した力〔神の力〕に対するあらゆる関係から引き離そうとしたり、あるいは、そのような力が現に存在しているという観念から自己を引き離そうとしたりする」というような、虚しい苦しい努力をするのです。

5 無益な自己改造＝擬似自己創造

今後の読解のためにちょっとしつこく言っておきますが、この「反抗」の段階にいたった人は、こうした自己分裂的な心理状態にある――内的葛藤に切り裂かれている――ということをしっかりおさえていないと、このあとしばらくは読めないでしょう。βの段階の人は、自己を措定した神に対して、絶対に勝てる見込みもないのに、あえて反抗する。反抗すればするほど自己自身に還ってくる、という虚しいまさに絶望的な闘いを挑んでいるのです。

また、これを入れると、かえって思想が「薄まる」かもしれませんが『(旧約)聖書』「創世記」のアブラハムとイサクの話のように、ここでキルケゴールが「神」に「父親」を重ねていることはたしかであり、「父への反抗」という意味も、どうしてもちらちらして消えることはない。これは、今後の文章にそって説明することにしましょう。

この無限なる形態の力によって、自己は絶望的に自己自身を意のままに処理しようとし、あるいは、自己自身を創造し、自分の自己を彼がありたいと欲するその自己に作り上げ、自分の具体的な自己のうちにもっていたいものとそうでないものとを自分で決定しようとするのである。

この辺り、わかりましょうか？　この段階にいたった彼は、一方で、「ほんとうの自己」を知りながら、他方で、「この無限なる形態の力によって」、必至に勘違いの自己を形成しようとするのです。しかも「絶望的に」、すなわち絶対にできないことを知りながら。その擬似創造ぶり、すなわち「自分の自己を彼がありたいと欲するその自己に作り上げ、自分の具体的な自己のうちにもっていたいものとそうでないものとを自分で決定しようとする」という箇所は、その真剣さと滑稽さとを巧みに描写していて、真に迫っているじゃないですか？

もちろん、彼の具体的な自己あるいは彼の具体性は、必然性と限界とをもっており、具体的な一定の事情のもとにあって、一定の能力、素質などを備えた、まったく特定のものである。ところが彼は、無限なる形式すなわち否定的な自己の力を借りて、まずこの全体を改造し、彼の欲するような自己、つまり否定的な自己という無限な形態の力によって生み出された自己を作り出そうと企てる――このようにして、彼は自己自身であろうと欲するのである。

（一二八頁）

ここは、先の引用箇所の解説とも言える箇所であって、彼は実存、すなわち「具体的な自己」であり、「彼の具体性は、必然性と限界とをもっており、具体的な一定の事情のもとにあって、一定の能力、素質などを備えた、まったく特定のものである」のですが、無謀にも――そして滑稽にも――それらを諸部分に分けて、その一部を取り替えようとする。

セムシの部分、「悪い血」の部分を切り取って他のものをそこに入れ、「金持ち」や「秀才」や「女好きのする顔」はそのまま取っておく。こうして、「まずこの全体を改造し、彼の欲するような自己、つまり否定的な自己という無限の形態の〔ニセの〕力によって生み出された自己を作り出そうと企てる」のです。

こうして、ニセの自己によるニセの創造物が出来上がりました。「このようにして、彼は自己自身であろうと欲するのである」と締めくくりながら、キルケゴールは、——またしても——クックッと笑っていた感じです。しかも、この笑いは突き放した笑いではなく、ほんとうにセムシや「悪い血」を交換できたらなあ、という真摯な願望に裏打ちされた悲愴な笑いですが……。

ここで、正統的ルター派の教えを想い起こしてみましょう。その教えはセムシや「悪い血」は何ものでもない。そんなことにこだわっているのではなく、自分のなかの霊的部分のみを見つめて信仰にいたれ、というのでしょう——どうも反感が強くて、皮肉にしか書けませんが。あるいは、もっと——キルケゴールの眼には——残酷にも鈍感なことに、セムシも「悪い血」も、われわれに人間には知られざる神の偉大な計画のうちにあるのだから、肯定し感謝しなければならない、とさえ説教する。すなわち、「無限なる形式すなわち否定的な自己の力を借りて」、自己改造するという内容は、自分は安全地帯にいて遠くから愚か者どもを笑い飛ばしているのではなく、まさにキルケゴール自身の——涙ながらの？——告白なのです。これこそ、（アンティ・クリマクスではない）セーレン・キルケゴールが喉から手が出るほど欲したものであることを見抜く必要があるでしょう。

そして、次の文章にいたる。

すなわち、彼はほかの人たちよりも少しばかり早く始めようとするのである、初めに際して、初めと同時に始めるのではなく、「元始《はじめ》に」始めようとするのである。彼は自分の自己を身に着けようとはしない、彼に与えられた自己のうちに自己の使命を見ようとはしない、彼は無限なる形態であることの助けを借りて自分で自己を構成しようとするのである。（一二八―一二九頁）

ここを対話のための課題にしましょう。さらに、こうした段階にいたった人の虚しい自己改造の話の続きですが――キルケゴールの異様なこだわりが見えてきます――、じつのところなかなか難しいのではないか、と思います。というのは、後ろの訳注〔桝田注（120）〕にあるように『（旧約）聖書』「創世記」の天地創造の話のみならず、ヘーゲルの「始原論」も絡んでいるからです。

対話24

当たり前ですが、「この文章」にいたったかつての文章との関係で、「この文章」があるのですから、その連関を「血眼で」探してもらいたい。するとそれが、βの段階にいたった人、すなわち神に反抗しようとする人（Kとしましょう）の基本的姿勢に対する批判（皮肉）であることはたしかであって、しかもその姿勢が論理的に破綻していることを言っている。

ここの読解に必要なことは、弁証法的語り方に慣れることでしょう。これも、日ごろ通常の論理にどっぷりつかっていると、なかなか難しいのです。Kは、神が自分の「真の」創造者であることを知りながら、その神に反抗している。まさにここに、このβの段階の絶望の「高さ＝深さ」があります。この構造のまさに絶望的悲惨さは、（ヘーゲル的）弁証法に慣れた人にはわかるのですが、キルケゴールはそれにあえてイロニーを付け加えているので、そのエスプリの効いた文章を読み解くのは難しいのでしょう。

キルケゴールはここで「初め」（mit dem Beginnen）と「元始《はじめ》に」（im Anfang）とを分けている。「元始に」とは絶対的開始であって、それは神しかできない。しかし、Kは「自分の自己を身に着けようとはしない」ので、すなわち「〔悪い血を受け継ぎ、セムシで、不安に怯える〕彼に与えられた自己のうちに自己の使命を見ようとはしない」ので、「〔それを身につけた、いや神に反抗することをはじめから諦めている〕ほかの人たちよりも少しばかり早く始めようとする」ということ。

Kは神への反抗を、「元始に」の意味で、つまり論理的に始められないところで始めてしまっている。なぜ、論理的に始められないのか？　もし、「私」が――自分だけで＝独力で――「私」を変えることができるとするなら、主語の「私」は人間的「私」ではないはず、私以外のXであるはずです。なぜなら、変えられた目的語の「私」から「私」なのであって、その前に「私」はいないからです。こうして、この誤った考え（矛盾）は自分を維持できなくなり、自分自身を否定して、X（神）を認めることになる。

しかも、以上の矛盾は「神への反抗」というかたちをとっているために、さらにややこしくなる。ここで、ふたたび問うてみましょう。Kはいったい何を始めてしまっているのか？　神への反抗です。では、いかなる反抗か？　神が「こう」自分を創ったことに対して、「この、悪い血を受け継ぎ、セムシで、不安に怯える自分自身であること」に対してです。

しかし、神が「こう」創ったのがほかならぬ自分なのですから、さらにその「元始に」まで遡って、なぜ自分を「こう」ではなく、「ああ」創ってくれなかったのかと、反抗していることは、なぜ自分自身でないように自分を創ってくれなかったのか、と神に詰め寄り、反抗していることになる。これは明白な矛盾です。Kは、「少しばかり〔これはイロニーであって、はるかに〕早く始めようと」していて、すべてが空回りし、甚だしい自己矛盾に陥っているわけです。だから、この矛盾を弁証法的に解決するよりほかにない。

そのあとは、Kはただ、自分が神であるかのように、「無限なる形態」のうちからどれかを選べるかのように、「自分で自己を構成しようとする」のですから、滑稽きわまりない、というわけですが、この「無限なる形態」については、この課題とした文章の直前の箇所（この書一二八頁）で細かく記述されていますから、再読してください。

6　実験的に自己自身であろうとする

次の段落は、これまでの叙述のまとめとその次の叙述への助走にすぎなくて、読めばそのままわかると思います。「ストイシズム」に関しては訳注〔桝田注（121）〕を参照のこと。これ以上、説明する必要もないと思いますので、それだけにします。

> 絶望せる自己が行動的な自己である場合には、たとえそれが何を企てようと、どれほど大きいことを、どれほど驚嘆すべきことを、どれほど根気よく企てようとも、自己は本来つねにただ実験

的にのみ自己自身に関係しているのである。（一二九頁）

ここで、自己改造の話はいったん終えたのですが、βの段階は、基本的に「行動的な自己」であって、しかもその自己は神に反抗するという虚しい行動を意図する自己であるわけですから、それを言いかえれば、「実験（Experiment)」と言える。「実験」については、実際の地震が起こる前に、実験室で擬似地震を起こさせて効果を見るという例を挙げるとわかりやすい。ただし、地震の場合は真剣な実験でしょうが、神への反抗の場合はそうではない。

自己は自分を支配する力〔神の力〕を認めない、それゆえに、その自己には、結局、真剣さが欠けている、ただ、自己が自分の実験に最大の注意を向ける場合に、いかにも真剣なような外観をよそおいうるだけのことである。しかしそれは偽りの真剣さでしかない。（一二九頁）

まさにサルトルの自己欺瞞論そのものであって、うすうす不可能であることを知りながら、すなわち「真剣さが欠けている」のだが、それなりに注意深く、「いかにも真剣なような外観」をよそおって、神に反抗している、というわけです。なかなか巧みな口調ですね。

九　絶望の弁証法

1　プロメテウスの「実験」

プロメテウスが神々から火を盗んだのと同じように――それは、神は人を見ていたもうという、真剣さそのものである思想を、神から盗むことである、絶望せる自己は、神が人を見ていたもうということのかわりに、自分自身を見ていることで満足し、それによって自己は自分のいろいろな企てに無限の関心と意義を与えるものと思っているのであるが、実はそれこそ、彼の企てを実験たらしめるものにほかならないのである。（一二九―一三〇頁）

『てってい的にキルケゴール　その一』（二四五―二四六頁）でも触れましたが、「神」を主語とした述語に尊敬語（～たもう）をつけるのには、――カントの場合ですと「人格」に尊敬語を使うように――違和感がありますね。あまりにも人間臭くなるからです。

それはさておき、この文章は、盗まれたのが「神」だから、盗まれたことを知らないはずがない。それなのに、「絶望せる自己は、神が人を見ていたもうということのかわりに、自分自身を見ていることで満足」するという愚かさに陥っているということ。

ここでキルケゴールの言いたいのは、人間が神から盗んだのは、「火」ではなくて「真剣さそのものである思想」であり、すなわち自己自身です。自己自身はもともと神の許にあるのに、人間は、あたかもそれを盗んで自分の所有にしたつもりでいる、ということ。このすべてを神が見逃すはずはないのに、さらに人間は盗んできたつもりの「自己」を、「神の眼から離れて」、もうどうにでも使えると思っている。「自分のいろいろな企てに無限の関心と意義を与えるもの」と思っているのです。

人間のこういう愚かな企てのことを、キルケゴールはここで「実験」と呼んでいるのですが、わかるでしょう。とはいえ、ギリシアの神々とキリスト教の神とは異なっていて、前者はしばしば人間のすることを知らないようなので、プロメテウスと神とのこの喩えにはひっかかりますが――はじめ「神々」と複数形であり（ギリシアの神々）、次に単数形になっている（キリスト教の神）。

なぜかというに、たとえこの自己が実験された神になるほどまでに自己が絶望におちいることはないとしても、派生的な自己である以上、自己は自己自身を見ることによって自己自身より以上のものを自己自身に与えることはとうていできはしないからである。（一三〇頁）

ここで、ちょっと注意しておくべきことは、「たとえこの自己が実験された神になるほどまでに自己が絶望におちいることはないとしても」という但し書きです。「実験された神」とは、「火を盗まれ、そしてそれに気がつかなかった神」であり、「人間の実験の対象になった神」でしょう――そんなことはありえないので、人間がそう思っているだけ。

言いかえれば、神から火を盗むということは、人間が神の能力を奪って神にとって代わるということであって、誰もこれほどまでに絶望的ではない――誰も文字通り、これを信じてはいない――ということ。これが、キルケゴール的人間観の限界でしょう。
ニーチェになると、人間はまさに神から「火を盗む」こと、すなわち、「神を殺す」ことに成功し、「超人」すなわち「実験された神」を目指すことが生きる目標になる。キルケゴールの眼から見れば、ニーチェは、まさに「自己が実験された神になるほどまでに自己が絶望におちいる」ことになってしまっているのです。

自己は始めから終わりまでどこまでも自己なのであって、自己を二重化してみたところで、自己より以上にも以下にもなりはしない。この意味において、この自己は、自己自身であろうと欲する絶望的な努力をしながら、かえって正反対のものに向かって努力しているのであって、それは、実のところ自己とはならないのである。
（一三〇頁）

ここでキルケゴールは、新たに興味深いことを言っている。βの段階の絶望は「絶望して、自己自身であろうとする絶望」ですが、「自己自身であろうと欲する絶望的な努力をしながら、かえって正反対のものに向かって努力している」とつなげるとわかってくる。つまり、「自己を二重にしてみたところで」が仄《ほの》めかすように、キルケゴールが「自己自身」という言葉に二重の意味を与えていることがわかります。
① 神から「自己自身」を盗んだと錯覚して、神に反抗している自己自身。
② 「自己のなかの永遠なもの」という（真の）自己自身。すなわち、①が錯覚であることに気づいて、しかも神に反抗している自己自身。

βの標題、「絶望して、自己自身であろうとする絶望」は、①の意味にもとれますが、最終的には②の意味でしょう。というより、初め①の方向に努力し、このことによって「かえって正反対のものに向かって努力し」、②にいたるという全体的過程でしょうか。だから、βの段階にいたったKは、神からもっとも遠いところに位置するように見えて、実はもっとも近いところに位置する。救済にもっとも遠いところにいるように見えて、実はもっとも近いところにいるのです――これが弁証法的理解です。

2 仮設的な自己

これ以降の論述には、以上の弁証法がじわじわと表面に出てきます。

この自己の行動範囲である全弁証法のなかには、確固たる何物もない、自己のあるところのもの、それはいかなる瞬間にも、すなわち永遠に、確固としてはいないのである。自己の否定的な形態は、繋ぐ力として働くと同様にまた解く力としても働く、この自己はまったく思いのままにいつなんどきにでも初めから始めることができる、そして一つの思想がどれほど長く追求されるにしても、その行動の全体は仮設の埒内を出ることがない。この自己はだんだんと自己自身になってくることができるどころか、自己が仮設的な自己であることが、だんだんと明らかになってくるだけのことである。（一三〇頁）

これが、神から「火」、すなわち「自己自身」をまんまと盗んだと誤解して、その「火＝自己自身」

を神への反抗に活用し始め、実験を重ねている自己、すなわち「仮設的自己」のありさまです。神から火を盗んでも、実は神はすべてを見通しているのだから、真の意味で盗んではいない。神のもとにないと、火（自己自身）はその威力を発揮しないという意味で、かたちだけ盗んでも、火（自己自身）は依然として神のもとにあるのです。

それを知らずに、自己は神なしに自己自身になろうという努力を重ねるのですが、それは「永遠に、確固としてはいない」。一瞬、私は成功した企業家になるのだと決意しながら、それがうまくいかないと、今度は絶対的真理を求める哲学者になるのだ、と決意しなおす。そして、それもうまくいかないと、今度は人間的なことをすべて書きつくす作家になろうかと考え、それがまたうまくいかないと、今度はいかなる専門家にならなくてもいいから、趣味のいい教養に充ちた生活を実現しようかと考える……というふうに、「まったく思いのままにいつなんどきにでも初めから始めることができる」のです。

「そして一つの思想がどれほど長く追求されるにしても、その行動の全体は仮設の埒内を出ることがない」。こうして、Kは神という視点を意図的に取り入れずに——神に消極的に反抗して——、ぐるぐる回り続ける。そうして自己自身を追求しているつもりが、実は「自己が仮設的な自己であることが、だんだんと明らかになってくる」というのですから、辛辣ですね。

「この自己は」から始まる文章は読めばそのままわかるでしょうから、解説は省き、次に進みます。

けれども、もっとよく注意して見ると、この絶対的な支配者は、国土なき国王であることが、すぐにわかる。彼は実は何ひとつ統治してはいないのである。彼の地位、彼の支配は、いかなる瞬間にも叛乱が合法的であるという弁証法に支配されている。つまり、それは結局自己自身の恣意にかかっているからである。

（一三一頁）

ここを対話のための課題にしましょう。ここでの読解力のポイントは、「国土なき国王」という比喩をどこまで具体的に読み込めるかです。キルケゴールが「仮設的自己」をわかってもらおうとして、この比喩を用いているのですから、この比喩により仮設的自己のある面がより鮮明に出ていると考えてのことでしょう。それをぐっと掘り下げてもらいたいのです。

対話25

この箇所は、一見簡単なようですが、キルケゴールのイロニーの典型であって、プロメテウスの場合と同様、この例に沿って彼の言いたいことの真髄をつかむのはわりに難しいかもしれません。

まず、「仮設的自己」は「この絶対的な支配者」なのですが、それは「絶対的（absolut）」という言葉が、「絶対値」、「絶対温度」、「絶対音感」、「絶対主義」などの用法からもわかる通り、「他から切り離されてそれだけである」という意味だからです。すなわち、彼は自己（国土）を神から火（自己自身）を切り離して、あたかもそれ自体として「ある」かのように見なしているのですから「絶対的な支配者」というわけです。

これに沿っていくと、「国土なき」とは、文字通り「国土なき」ではないことが次の「彼は実は何ひとつとして統治してはいないのである」でわかる。では「統治」とは何か？と進んでいくと、「彼の支配は、いかなる瞬間にも叛乱が合法的であるという弁証法に支配されている」という説明にいたる。

この場合、「いかなる瞬間にも叛乱が合法的である」という箇所がミソであって、ここではっと気づかねばならない。つまり、「合法的」とは何かであり、「叛乱」とは何か。すると、さらさらと（?）ある図式が出てくる。普通、合法的支配の「国王」は、その合法性の根拠を広義の「権威（威力）」によっている。その典型は血筋でしょうが、これに尾ひれがついて、わが国の天皇のような「天照大神」の直系説、フランス絶対君主制の王権神授説という「物語」が仕立て上げられる。

しかし、これらがまったくない「国王」は、まさに「力（暴力）」によって王位を獲得したのであって、――共産党の独裁者ならともかく――それでいて「王」なのですから、すでに矛盾的存在であり、これがその後の「弁証法」につながります。

だいたい見えてきたでしょうか。こうして非合法に王位を獲得した者は「力」だけが背景なのですから、論理必然的に、より強い力が現われたら王位を追われる運命にある。あるいは、彼自身が非合法に、――例えば、暗殺により――王位を獲得したのだから、論理必然的に、彼も非合法に、――例えば、暗殺により――王位を剥奪される運命にある。こうして彼は、「いかなる瞬間にも叛乱が合法的であるという弁証法に支配されている」のです。もう一度確認すると、「弁証法」とは、みずからがそれによって王位についたのに、それによって王位を失うということです。

ここまで分析して、出だしの文章に立ち返ると、「国土なき」とは「真の安定した国土なき」という意味であり、「何ひとつとして統治してはいない」とは「真の安定した意味で何ひとつとして統治してはいない」という意味に読み替えられる。

そして、右の箇所の最後、「つまり、それは結局自己自身の恣意にかかっているからである」によって、くるりと場面は変わり、仮設的自己の話に戻っていく。そもそも仮設的自己①は神を無視して非合法に自己を形成したのだから、ある日、自分のなかの仮設的自己②の「叛乱」によって打ち倒されても仕方ないということ。

このようにして、絶望する自己は絶えずただ空中楼閣を築くのみであり、絶えずいたずらに空中に剣を振り回すばかりである。すべてそのような実験のみごとさは、見た目にすばらしい、一瞬、それらは東洋の詩のように人を魅惑する、そのような自制、そのような毅然たる態度、そのような不動心、などは、ほとんどこの世のものとも信じられぬほどである。まったくそのとおりなのだ。それなのに、それら全体の基礎になっているものはひとしく無なのである。自己は絶望して、自分を自己自身となし、自己自身を展開し、自己自身であるという満足を満喫しようと欲する。自己は、自己自身の理解のほどを示すこのような詩的な、卓越した構想を誇りたいと思う。けれども、自己が自己をいかに理解しているかは、結局のところ、どこまでも謎なのである。自己が殿堂の構築を完成したかと見えるまさにその瞬間に、自己は気ままに全体を無に解消することができるのである。

（一三一頁）

この段落にはとくに解説を加えません。空中楼閣の比喩は、その前の「国土なしの国王」の比喩より丁寧に書かれていて、読めばそのままわかるからです。なお、最後に「自己が殿堂の構築を完成したかと見えるまさにその瞬間に、自己は気ままに全体を無に解消することができるのである」（一三一頁）とあって、「対話25」の最後に触れた仮設的自己①が仮設的自己②によって蹴落とされる、「恣意的な叛乱」の仕組みが鮮やかに語られています。

3 受動的な自己

今度はβの段階の別の種類の自己、「受動的な自己」です。

絶望せる自己が受動的な自己である場合にも、絶望はやはり、絶望して自己自身であろうと欲することとである。絶望して自己自身であろうと欲するこのような実験的な自己は、自分の具体的な自己のなかであらかじめ方向を見定めようとしているあいだに、おそらく、なんらかの困難に、キリスト者なら十字架と呼ぶようなものに、とにかく何であれ根本的な障害に、ぶつかるであろう。

（一三一―一三二頁）

αの段階の絶望が消極的であったのに対して、このβの段階の絶望は積極的なはずですから、それが「受動的な自己」というのはわからないでしょう。しかし、後ろの注にあるように「受動的（passiv）」

には「受難（Passion）」という意味が含まれていると解すれば、すらっとわかります。すなわち、「実験的な自己－仮設的な自己」が無駄な「努力」を重ねていくうちに、先に挙げた①から②へと移行していく。これは、さらにきついですよね。なぜなら、「受動的自己」の段階にいたった「仮設的自己」は、神を排除して自己自身であろうとするすべての努力が無駄であることを悟りながらも、なお神に反抗するのですから。そして、この「困難」を、キルケゴールは「十字架」と呼んでいるわけです。

4　肉体の棘

こうして「実験的な自己－仮設的な自己」が無駄な「努力」を重ねていくうちに、「受動的（受難的）自己」の段階にいたる。この段階は、神を排除して自己自身であろうとするすべての努力が無駄であることを悟りながらも、その「困難」（一三二頁）、すなわち「十字架」（同頁）を背負いながら、なお神に反抗するというすさまじい段階です。ここから第一篇はあと数頁しかないのですが、この書でもっとも思考が白熱しているところで、さっと読むのはもったいないので、これまで以上にゆっくり味わいながら進んでいきます。

それなら、絶望して自己自身であろうと欲するこの絶望は、どんな表われ方をするであろうか？　さきに、地上的なもの、あるいは地上的な或るものについて絶望するという、絶望の形態について述べられ、その意味は結局、永遠なものに対して絶望することであることが明らかにされたのを思い起こしていただきたい。すなわち、その絶望は、永遠なものによって慰められたり癒されたりすることを欲せず、永遠なものがなんの慰めともなりえないほど地上的なものを高く評価していることであった。

（一三二頁）

ここは、「α　絶望して、自己自身であろうと欲しない場合、弱さの絶望」のうち、「2　永遠なものに対する（am）絶望、あるいは、自己自身についての（üeber）絶望」の段階を語っているだけですから、引用するまでもないとは思ったのですが、この書一一五頁の「絶望の定式」に添えられた注〔本書一四二頁〕をもう一度読んでもらいたいために、あえて引用しました。

しかし、地上的な艱難《かんなん》、現世的な十字架が取り除かれうるという可能性を期待しようとしないのも、また、絶望の一つの形態である。いまここに絶望して自己自身であろうと欲する絶望者というのは、それを欲しない絶望者のことなのである。彼はこの肉体の棘《とげ》（それが実際にそうであるにせよ、彼の情念が彼にそう思わせているにせよ）が、抜き取ることができないほど深く刺さっているものと固く信じているので、彼はそれをいわば永遠にわが身に引き受けようと欲するのである。

（一三二―一三三頁）

αの「絶望して自己自身であろうと欲しない場合」とは、「永遠なものによって慰められたり癒されたりすることを欲せず、永遠なものが何の慰めともなりえないほど地上的なものを高く評価している」という段階ですが、これがβに移行すると、はっきり言いかえられて、「地上的な艱難、現世的な十字架が取り除かれうるという可能性を期待しようとしない」となっている。

ここで「十字架」が登場してきますが、「十字架」という場合は「背負うもの」という意味が付与される。ここで有名なイエスの言葉、「だれでもわたしについてきたいと思うなら、自分を捨て、日々自分の十字架を負うて、わたしに従ってきなさい」（『(新約)聖書』「ルカ伝」九章23節）が想い起こされます。

このことを加味すると、αは「地上的なものを（あまりに）高く評価している」ゆえに、永遠なものを——よって自分の十字架を——見ようと欲しないのですが、βは、「永遠なもの」を——よって自分の十字架を——しっかり見たうえで、それによる救済の「可能性を期待しようとしない」のです。

この変化には「肉体の棘」が絡んでくる。これは後ろの訳注〔桝田注（127）〕に解説が少しだけありますが、『(新約)聖書』「第二コリント書」にこう書かれている。

そこで、高慢にならないように、わたしの肉体に一つのとげが与えられた。それは、高慢にならないように、わたしを打つサタンの使《つかい》なのである。このことについて、わたしは彼を離れ去らさせて下さるようにと、三度も主に祈った。ところが、主が言われた、「わたしの恵みはあなたに対して十分である。わたしの力は弱いところに完全にあらわれる」。それだから、キリストの力がわたしに宿るように、むしろ、喜んで自分の弱さを誇ろう。だから、わたしはキリストのためならば、弱さと、侮辱と、危機と、迫害と、行き詰まりとに甘んじよう。なぜなら、わたしが弱い時にこそ、わたしは強いからである。

（一二章7—10節）

この書と新約聖書のこの部分とを読み比べてみると、「わたしが弱い時にこそ、わたしは強いからである」というパウロのこの言葉（思想）はキルケゴールの身体の中枢にまで達し、まさにこの「β神への反抗」の箇所で、独特の変形のもとに厳密に言語化されているように思われます。なお、パウロの棘については、「疫病（ライ病？）」あるいは何らかの身体障害だったのではないかという説などがあり、とするとかなりキルケゴールと重なります。

この箇所の「固く信じている」のあとに＊マークがついていますから、ここから次の本文ではなく、この書一三三頁の注「＊」に移ることにします。

5 「諦め」という絶望

＊ ついでながら、ここで注意を促しておこうと思うが、このような見地から見れば、世間で諦め〔Resignation〕という名前で飾り立てられているものの多くは、一種の絶望であることがわかるだろう。すなわちそれは、絶望して自分の抽象的な自己であろうと欲し、絶望して永遠なものに満足し、それによって、地上的、現世的な苦難に反抗したりそれを無視したりすることができるようになろうとする欲望である。（一三三頁）

このあたり、キルケゴールの個人的体験に基づいた記述という印象が濃厚です――実は、他のキルケゴールによる注記も同じ印象です。

順に辿っていくと、「諦め」とは「地上的な艱難、現世的な十字架が取り除かれうるという可能性を期待しようとしない」という（心理）状態であって、しかも「それを欲しない絶望者のことなの」

です。ここで重要なのは、すでに彼は盲戸を蹴破って、「自己自身→自己における永遠なもの→神」を見ている、その段階での「諦め」ということ。

ここで登場するのがパウロの「肉体の棘」であり、それが「抜き取ることができないほど深く刺っているものと固く信じている」ということでした。「固く信じている」という表現には、「抜き取ろうと思えば、抜き取ることができるのに」ということが含意されていますよね。

こういう状態にあって、彼は「絶望して自分の抽象的な自己であろうと欲する」という――サルトル的に言えば――自己欺瞞に陥っている。ほんとうは「肉体の棘」こそ最大の問題であるのに、意図的にそれを回避して「抽象的な(それを度外視する)自己であろう」と欲する。ここの「抽象的(abstract)には“abstrahieren(度外視する)”の原意が保たれています。なぜか? なぜなら、このことによって、「地上的、現世的な苦難に反抗したり、それを無視したりすることができるようになろう」とするからです。

「地上的、現世的な苦難」、すなわち「肉体の棘」をパウロのように正視せずに、それを解決することは「諦めて(度外視して)」、ひたすら魂の救済とかいう「抽象的な自己」に眼を向けているのですね。まさに、悪い血によって生まれた――これがキルケゴールの「肉体の棘」でしょう――ことの解決を「諦めて(度外視して)」、牧師となり、魂の救済ひいてはデンマーク国教会の改革に向かおうとする自分自身を描写している感じですが、いかがでしょうか?

諦めの弁証法はもともと次のごときものなのである。自分の永遠の自己であろうと欲するが、したがって自己がそれに悩んでいる或る特定のものに関しては自己自身であることを欲せず、そのようなものは永遠の世界においては消えてなくなるにちがいないと考えてみずから慰め、それだからまた、自分が現世においてそれをわが身に引き受けないのは当然なことだと考えるのである。

（一三三―一三四頁）

「自己がそれに悩んでいる或る特定のもの」、すなわち「肉体の棘」――再度確認すると、キルケゴールの場合は、不義の結婚から生まれた自分の「悪い血」とそれに由来する（と考えられる）セムシなのですが――については断じて「自己自身であることを欲せず」、それが「永遠の世界」において問題ではないということがわかっていても、それでも現世においては、断じて「肉体の棘」を「わが身に引き受けない」のです。

自己は、自分がそれに悩まされているにもかかわらず、それがともに自己に属していることをあくまでも承認しようとしない、すなわち、敬虔にそれのもとにへりくだろうとはけっしてしないのである。したがって絶望として見られた諦めは、絶望して自己自身であろうと欲しない絶望とは本質的に異なっている。諦めは、絶望して自己自身であろうとを欲するのだからである。ただしただ一つのことだけは例外で、これについては、諦めは絶望して自己自身であろうと欲しないのである。

（一三四頁）

ここにはキルケゴールの弁証法（イロニー）がふんだんに盛り込まれていて、「α　絶望して、自己自身であろうと欲しない絶望」と「β　絶望して、自己自身であろうと欲する絶望」というタイトル——すなわちこの書の構成の骨格——自身がこの弁証法に依存していると言えます。
この箇所を対話のための課題にしましょう。「諦め」はどういう点で「絶望して自己自身であろうと欲しない絶望とは本質的に異なっている」のかを自分の言葉で説明しなおし、それ以下の文章を正確に解説してください——イロニーという手法を自覚すること。

対話26

ここは、自分で設定した盲戸を開けて「α　絶望して自己自身であろうと欲しない絶望」の最後の段階を脱し、「β　絶望して自己自身であろうと欲する絶望」にいたった最初の段階であって、これをキルケゴールは「諦め（Resignation）」と呼んでいる。

その際、解釈すべき箇所は、「諦めは、絶望して自己自身であろうことを欲するのだからである。ただしただ一つのことだけは例外で、これについては、諦めは絶望して自己自身であろうと欲しない」だけなのですが、まず、ここにおける「自己自身」という言葉が、本来的自己自身ではなく、仮設的自己自身の意味で使われていることに気づかねばならない。

よって、「諦め」という言葉も、あくまでこの観点からその意味を汲み取らねばならず、するとそれは、「ただ一つのこと」、すなわち「肉体の棘」について「絶望して自己自身であろうと欲しない」のですから、普通の語感だと「諦めがついていない」ように思われる。他のことは全部神の意志として認めていいが、肉体の棘（悪い血）だけは「諦めがつかない」という語り方のほうが、普通の現代日本人の語感に合っているでしょう。

しかし、まさにこの状態をキルケゴールは「諦め」と呼んでいるのですから、ここには論理的な仕掛け（弁証法、イロニー）があるに違いない……こう読み進んでいくのです。すると「諦め」とは、「救済」を諦めることだということがすぐにわかる――言ったように「絶望」の反対概念は「救済」です。これで右の謎が解けました。すなわち、普通の現代日本人の感覚では、「諦め」とは「地上的な或るもの」に対する諦めに限定されるので、これに執着することは「諦めがつかない」ように思われるのです。

このことをおさえた上で、あらためて「諦め」の段階を反省してみますと、この段階の男――女でもいいのですが――をAとすると、Aはキリスト教の教義の他のすべてを承認できるが、自分の実存の核心をなす「肉体の棘」だけは承認できず、異議申し立てをしたい。ですから、すでに神に対する「反抗」なのですが、まだこの次にあるような剝《む》き出《だ》しの反抗ではない。まだ内面で燻《くすぶ》っている感じです。

これで、「諦め」という段階の基本骨格はおさえてあるのですが、もう少しキルケゴールの内心に降り立ってみると――というのも、αの最後の「自殺」の段階から、βの最初のこの「諦め」の段階は、彼の個人的告白の色彩が強いので――、本来の救済（信仰）の観点からは「肉体」の棘にこれほどこだわってはならないことは知っているが、どうも正統的ルター派の信者たちは、ごく一部の者を除いて、実はこだわっているのに、必至になってこだわっていない振りをしている。その欺瞞的姿勢がキルケゴールには耐え難いのでしょう。よって、自分はまさに「肉体の棘」ととことん格闘していく、という決意が――語感からすると不思議なことに――「諦め」なのです。つまり、「諦め」とは救済（信仰＝永遠の生命）を諦めるという全身全霊をかけた必至の姿勢なのです。

さて、本文に戻ります。

彼はこの棘につまずく、あるいはもっと正確に言えば、彼はこの棘を機縁にして全人世につまずく。そこで彼はそれにもかかわらず自己自身であろうと欲する、棘にもかかわらず、棘のない自己自身であろう（これはもちろん、棘を抜き取ることを意味するであろうが、それは彼にはできない、あるいは、それは諦めの方向への運動となるであろう）とは欲しない、いな、彼には棘にもかかわらず、全人世に反抗して、棘を備えた自己自身であろうと欲し、自分の苦悩を誇るばかりにしながら、棘をになってゆこうと欲するのである。（一三三頁）

前にも出てきましたが（この書『死にいたる病』四四頁、訳注〔桝田注（42）〕を参照）、「人世」に当たるドイツ語は"Dasein"であり、ハイデガーはじめ哲学的には普通「現存在」と訳される言葉です。すなわち、ありのままの欠陥に充ちた人間存在のことですが、「人世」ではわからないでしょう。ちなみにこの箇所の"am ganzen Dasein"は、斎藤信治訳（岩波文庫）では「全存在」、鈴木祐丞訳（講談社学術文庫）では「人生全体」となっている。まあ、「全人間存在」でしょうが。

これは、神を覆い隠さずに見たからこそいたりうる「神に対する反抗」の段階であって、一方で、もはやαの段階のように「棘のない自己自身であろう……とは欲しない」のですが、他方でパウロのように、この「肉体の棘」は神が与えたものだ、と承認し納得することもできない。そして、「棘を備えた自己自身であろうと欲し、自分の苦悩を誇るばかりにしながら、棘をになってゆこうと欲する」のです。

逆に言えば、棘を抜いてしまったら、あるいは棘が気にならなくなったら、あるいは棘に感謝してしまったら、神に反抗できなくなる。神に反抗できるためには、棘を抜かずにその痛みを感じ続けねばならない。

ここで「反抗」の相貌ががらりと変わる。なぜなら、この段階の彼は「神が彼を、彼の棘を創造したこと」を知っているのであって、それにもかかわらず神に反抗することを欲している。すなわち、神に対する反抗は、めぐりめぐって結局は自分自身に対する反抗であることを、彼は知っている。実は、自分が神に反抗できるようにすべてを仕組んでいることを知っている、ということです。

一〇　反抗者の内面と外面

1　救済されることの屈辱

なぜかというに、救済の可能性を期待すること、とりわけ、神にとっては一切が可能であるという背理なものの力によってそれを期待すること、これは断じて彼の欲しないところだからである。誰か他人に助けを求めるなどということは、断じて、どんなことがあろうとも、彼の欲しないところである。助けを求めるくらいなら、むしろ彼は、あらゆる地獄の苦しみをなめても、甘んじて、自己自身であろうと欲するのである。（一三三頁）

まず、「神にとっては一切が可能であるという背理なものの力」という表現に「つまずく」ことが必要です。もちろん、キルケゴールなのですから、「そんな非合理的な迷信」と言いたいわけではない。彼は純粋なクリスチャンとしては、「神にとっては一切が可能である」ということを文字通り信じているのです。ただ、これを信じながらも、ここで「肉体の棘」もその力によって解決することを望んでいない。これは完全な自己矛盾なのですが、この後、だんだんわかってきますが、「肉体の棘」はその「力」によって解決されてはならない、と考えている、解決されることを怖れてさえいる。このあたりの心理状態を、どこまで正確に辿れるかが解釈の鍵でしょう。

その一つのヒントとして、次に「誰か他人に助けを求めるなどということは、断じて、どんなことがあろうとも、彼の欲しないところである」という文章をしっかり解読する必要がある。すなわち、この文脈では「神」による救いは直ちに「誰か他人」による救いに言いかえられている。「誰か他人」とは、さんざん見てきたように、デンマーク国教会の牧師たちでしょう。

彼らの言葉によって救われるくらいなら、むしろ「あらゆる地獄の苦しみをなめても、甘んじて、自己自身であろうと欲する」のです。なぜなのか？　現今の国教会にはいい加減な牧師ばかりいるから、でもなさそうであり、「諦め」の段階にあるA（すなわち、アンティ・クリマクスではなく、セーレン・キルケゴール）はもっと根源的に拒否しているようです。

すぐに思いつくのは、ルター派の標語である——教会を通してではなく、直接に——「神の前に

(coram Deo)」でしょう。この後、神への反抗が高まっていきますから、まさに『(旧約)聖書』「ヨブ記」のヨブと同様に、「私は神と直性に語りたい!」という叫び声が聞こえてきます。そして、最後の「自己自身」は仮設的自己自身、すなわち「肉体の棘」(十字架)を抱えたまま神に立ち向かう自己自身です。

それだから、「悩める者は、助けてくれるものがあるなら、もちろん、助けてもらいたいと思うものだ」と言われるのは、けっしてまったく真実であるとは言われない。けっしてそんなものではない、といって、その反対のことがかならずしもこの場合のように絶望的であるとは言えない。

(一三四頁)

ここでは、さらっと過ぎ去らずにちょっと足踏みする必要があるでしょう。というのは、「一」のなかの文章はなかなか含蓄豊かであって、この限りでは、どうもデンマーク国教会の牧師どもに助けてもらうこともありうるが、という含みが読みとれる。このことは、「けっしてまったく真実であるとは思われない」とか、「その反対のことがかならずしもこの場合のように絶望的であるとは言えない」という婉曲的表現にも見てとれます。

ここで想い起こさねばならないのは、キルケゴールははじめから「単独者」として神とのみ語るという立場にいたのではなく、ルターのような教会改革を試みようとしたこと、よって、その後も九回にわたって『瞬間』というパンフレットを刊行したりして、死ぬまで教会批判に明け暮れたということです。始めから「単独者」であったかのような誤解は、わが国ではキルケゴールが、サルトルやカミュという無神論者を経由して受容されたという事実に由来するでしょう。

こうして、このあとの記述によってさらにその思いは強められますが、どうもキルケゴールは、ある程度、国教会の牧師たちに助けを求めることもできるのだが、自分はそれをきっぱり拒否する、それで万が一救われたら大変だ、という幾分滑稽な涙ぐましい（？）態度にあったようです。

2　悪魔的な凶暴

この段階にいる者は、自分に罪を課したタンタロスのように、苦しみにもだえ続けるという「不合理」をあえて選んでいるということの背景に、そうしないと神に反抗できなくなるという倒錯した論理があること、しかも彼はその滑稽さを自覚していること――これがすなわちイロニーです――、ここがポイントです。ここを対話のための課題にしましょう。

ところが、絶望して自己自身であろうと欲するこのような苦悩者のうちに、意識が増せば増すほど、絶望の度も強くなって、それは悪魔的なものとなる。悪魔的なものはふつう次のようにして起こるのである。絶望して自己自身であろうと欲する自己が、自分の具体的自己から切り離すこともできず取り去ることさえもできない、なんらかの責め苦のなかで悩んでいる、ほかならぬこの悩みへ、彼は自分の全情熱を投げかける、すると、この情熱がついに悪魔的な狂暴となるのである。

（一三五頁）

まず「悪魔的」という日本語の印象を拭い去ることが必要であって、"dämonisch"とは、——ソクラテスの「ダイモン」とも連関する——善悪の彼岸、というよりむしろ「善に対する不安」というレベルで動いている意識です。後ろの訳注（桝田注（128））にかなり詳細な解説がありますが、この箇所の解読のために次も挙げておきます。

彼はむしろあらゆるものに向かって荒れ狂いたいのである、彼は全世界から、全人世から不当な扱いを受けた者でありたいのである、彼には苦しみを自分の手許にもっていて誰にも奪われることのないように心がけることこそ重大なのである——だって、そうでなければ、彼は自分の正しいことを証明することも自分自身に納得させることもできないわけではないが。

（一三五—一三六頁）

仮設的自己は神から切断されては蜃気楼のようなものであることを知っているのに、彼は信仰をすなわち救いをこれほどかたくなに拒むのか？　そして、このニセモノの自己が抱く「苦しみを手許にもっていて誰にも奪われることのないように心がける」ことに、「（ニセモノの）自分の正しいことを証明すること」に何の意味がありましょうか？　この課題に対しては、実はいかに正解に迫っているかより、むしろ各自が自分の言葉でこれをどう解読するか、つまり、この「悪魔的」段階の曲がりくねった心情をどれくらい体験的に了解しているかが重要です。

その際、まず「《彼は全世界から、全人生から不当な扱いを受けた者でありたいのである》」とか、「彼は苦しみを手許にもっていて誰にも奪われることのないように心がけることこそ重大なのである」という不合理的態度を文字通りに受け取ることが必要です。これをどうにかして救済と結びつけようとする傲慢で欺瞞的な見方――これがヘーゲルです――をおさえつけて、あくまでも「救いのなさ」に自己を閉じ籠めることが必要だということ。

そして、救済を「諦めた」とは言いながら、実のところ救われたいのだけれど、なぜかその方向には努力せず、むしろ逆にこうした救いようのない態度にしがみつくこと、これが、キルケゴールの言うイロニーなのです。

しかも、その際――すでに、何度も仄めかしましたが――、このイロニーのうちに自嘲的苦笑を読み取ることが必要です。「なんらかの責め苦のなかで悩んでいる、ほかならぬこの悩みへ、彼は自分の全情熱を投げかける、すると、この情熱がついに悪魔的な狂暴となるのである」(一三五頁)とは、なかなか笑えることではないでしょうか? そういう書き振りをどこまで読み取れるかが鍵であり、これは体質のようなものにかかわり、なかなか教えることのできないところですが……。

こうしたユーモアのある文章は、彼の余裕のある態度、自分を客観的に見る態度から生まれ、このことは、アンティ・クリマクス著、セーレン・キルケゴール刊、というこの本の体裁によって準備されている。すなわち、セーレン・キルケゴールの「苦しみを」、アンティ・クリマクスが受け取って「書いている」という感じなのであって、そこに一つクッションがあるから、必死でありながら他人事のような響きも帯びているのです。

言いかえれば、これだけ苦しみながらも、「そと」からは自分で仕掛けたゲームだという「したたかさ」が透けて見える。ちょうど、幼い子供が親の顔を盗み見しながらエーンエーンと泣いているようで、神から見たら、うんざりするほど甘ったれた「抵抗」でしょう。あるいは自分の部屋に引き籠もっている青年が、「どうしてくれる！」と叫んで、家庭内暴力の限りをつくすのにも似ている。

なぜ、青年はダメな自己自身であることに執着するのか？　簡単明瞭。そうしないと、親に反抗することができなくなるからです。人生は何もかもうまくいかなかった。このすべてはこうしたダメな自分を産んだ親の責任だ、という図式を完成し、その方向に徹底的に舵を切ったからには、もうこの方向で行くしかない。彼が怖れていること、それは何かの拍子にどこかから救いの手が差し伸べられること。なぜなら、そうするともう親に当たり散らすことができなくなるから。彼のうちで、「親に反抗すること」が、自己目的のようになってしまっているのです。

こうした比喩は当たらずといえども遠からずであって、キルケゴールの場合、「神」に対する反抗と「父親」に対する反抗とはぴったり重なっている。右の文章の行間に、「父親」に対する憎しみと甘えがほどよく読み取れます。

と、以上解凍を書きましたが、このすべては私固有の解釈であって、こういう馬鹿げた「反抗」をする者の気持ち――反抗しない奴も、反抗する自分もイヤでたまらない――が痛いほどわかるので、それを体験的に綴ったにすぎません。

3　「永遠」を怖がる？

以下、えんえんと「神に対する反抗」の話が続きます。後ろの訳注〔桝田訳（128）〕にもありますが、こうなるともう、キルケゴールは告白録を書いているようです。

　このことがついにはかたく彼の脳裏にこびりついてしまうので、彼はまったく独自な理由から永遠をこわがるにいたる、つまり、永遠が、他の人々に対する彼の悪魔的な意味での無限の優越から、彼が現にあるような彼であろうとする悪魔的な意味での権利から、彼を切り離しはしないかと恐れるのである――自己自身であろうと彼は欲するのである。（一三六頁）

「永遠」とは、かつての「自己のなかの永遠なもの」に対応するでしょう。「神」自身ではないけれど、それを通じて神にいたる自己のなかのファクターです。「永遠」が――いわばそれ自身から――、絶望している具体的な彼を「切り離しはしないかと怖れる」のです。なぜなら、そのとき彼は本来的な自己が「永遠」であって、そこから切り離された自己が「仮設的自己」であることをはっきり自覚してしまい、もはやそれにしがみつくという――演技的？――形態で「自己自身であろうと欲する」ことができなくなるから。

それのみが、彼に「他の人々に対する彼の悪魔的な意味での無限の優越」を与えていたのに、それを失ってしまい、抵抗できなくなる。そうした力をもつ「永遠」を、彼は怖がっているのです。

これは言いかえれば、盲戸を空けた瞬間にわかっていたこと。そこには、「自己のなかの永遠なもの」が存しているからです。ですから、βはα2の段階の「閉じ籠もり」よりずっと不安定なものでしょう。というのも、この段階の彼は、すでに「永遠」を見て――「永遠」から見られて――しまっているのであって、その視線を感じながら、あえて具体的自己・仮設的自己にしがみついているのですから。このアクロバティックな構造が、――先に述べたように――無性に滑稽な感じを引き起こすのでしょう。

> 彼は、自己の無限の抽象化をもって始めた、しかるにいまやついに、この意味で永遠となることが不可能であるまでに具体的となった、それにもかかわらず、彼は絶望的に自己自身であろうと欲するのである。ああ、なんという悪魔的な狂気であろう！　もしかすると、永遠が彼の悲惨を彼から奪い取ろうと思いつくかもしれないと考えて、暴れ狂うとは！
> （一三六頁）

さて、ここを対話のための課題にしましょう。狙いは、「彼は、自己の無限の抽象化をもって始めた、しかるにいまやついに、この意味で永遠となることが不可能であるまでに具体的となった」という文章がわかるか否かです。あとは、それをさらに「悪魔的な狂気」につなげて説明してくれれば、と思います。

対話28

この箇所のキーワードは「抽象化」と「具体的」です。具体的とは、悪い血やセムシなど、「肉体の刺」さらには「十字架」を具えた具体的な個人のことです。パウロのように、正統的なキリスト者はその「十字架」を背負って永遠にいたろうとするのですが、キルケゴールには、どうもそこには自己欺瞞の臭いが漂うように思われる。

そこでキルケゴールは、「いまやついに、この意味で永遠となることが不可能であるまでに具体的となった」と語るのですが、「あまりに具体的な十字架が重くて、永遠にいたれない」というほどの意味です。これを、文字通りの意味としてまずとらえる。そのうえで、イロニーを通り越して滑稽ですらある「響き」をもとらえること。いいですか？　これは、真剣そのものの告白なのですが、同時に滑稽な響きをもっている――これこそキルケゴールの文体です。

この「響き」によく耳を澄ましてください。キルケゴールは、「もしかすると、永遠が彼の悲惨を彼から奪い取ろうと思いつくかもしれないと考えて、暴れ狂うとは！」と書いたあとで、すぐ読み直して、実にうまく書けた、とほくそ笑んでいる。当人は真剣そのものなのですが、「永遠（神）」のほうはそんな気は微塵もないかもしれないのに、「彼の悲惨――悪い血やセムシなど――を彼から奪い取ろうと思いつくかもしれないと考えて、暴れ狂う」というのですから、たしかに悲愴であるとともに、滑稽です。

こうして、絶対に成功する見込みがないことを知った上での「神への反抗＝悪魔的な狂気」は、完全に独り相撲であり、しかも当人（キルケゴール）は真剣に悩み絶望している。このあたりは、その無駄な、幾分滑稽な抵抗を、余裕をもって冷静に眺めているアンティ・クリマクスの視点がどうしても出てしまっています。

4 「反抗」する者の外面

この種の絶望は世間ではめったに見られない、そういう人物は、実はただ詩人たちの作品にのみ登場する、すなわち、つねに自分の創作の人物に、純粋にギリシア的な意味における「悪魔的な」理想性を賦与するほんとうの詩人たちの作品に登場するばかりである。（一三六頁）

キルケゴールが「詩人」と言えば、九割がたシェイクスピアのこと。ハムレットにせよ、マクベスにせよ、オセロにせよ、リア王にせよ、みな悪魔的絶望のイデー（理念＝理想性）を実現している。たしかに、彼らはみな、自分の陥っている絶望状態に「自分の全情熱を投げかける」感じです。

この後は、また自分自身のことです。

けれども、このような絶望は、現実のなかでも出会われないわけではない。ではその場合、このような絶望に対応する外面はいかなるものであろうか。もちろん、対応するものなどありはしない。そもそも、対応する外面、つまり閉じ籠もりに対応する外面などというものがあるとしたら、それは自己矛盾であろう。だって、もし対応するものがあれば、それは顕わなものであるはずではないか。むしろここでは、外面はまったくどうでもかまわぬものである、ここでおもに注目されねばならないのは、閉じ籠もっていること、あるいは、しっかりと錠のかかった内面性と呼んでもよいようなものだからである。

（一三六―一三七頁）

この叙述はこの書の一二一頁の「外から見ると、まったく『一個の現実的な人間』なのである」という箇所に対応しているのですが、そこを読み返したうえで、「もちろん、対応するものなどありはしない」からあとは何を言っているのでしょうか？　なぜ、「自己矛盾」なのでしょうか？　この二点に答えるかたちで解釈すること、これを対話のための課題にしましょう。

対話29

この部分を課題にしたのは、これまでの思想を繰り返すのではなく、この箇所から「具体的に」キルケゴールのイロニーを読み取ってもらいたいからです。「閉じ籠もり」とは自分の「内面」に閉じ籠もっていることですから、それに「対応する」――閉じ籠もりにふさわしい――外面などあるはずがない。

ある男Aを見れば、すぐに「内面に閉じ籠もっている」ことがわかるとすると、それはすでに「顕わなものである」はずですが、そうすると、もはや「内面」ではなくなる。よって「自己矛盾」

だというのです。他人にわからないようにしているからこそ「内面」なのに、それが誰でも見抜けるようになっているとすれば、彼はもう「しっかりと錠のかかった内面性」をもっていないことになる。

もっとも低い形態の絶望にあっては、もともと内面性は存在しなかったし、ともかくそう言えるほどのものは何も存在しなかったので、そういう最低の形態の絶望を叙述するには、そういう絶望者の外面を描写するか、あるいはせめてそれについていくらか述べるほかなかったのである。しかし、絶望が精神的になればなるほど、内面性が閉じ籠もりの状態として自分だけの独自の世界となればなるほど、絶望が身を隠す外面は、ますますどうでもいいものとなってゆく。

（一三七頁）

ここは、わかりますね。絶望の度は意識の度であって、意識の度は内面性の度ですから、「低い形態の絶望」にあっては、まだ「内面性」が――「存在しなかった」とは言えないでしょうが――希薄であって、その分「外面性」が濃厚に存立していて、したがって、後者によって前者が推測される。子供と同様、その喜怒哀楽という「内面性」は身体の表出によってすぐわかる。絶望していることは、絶望的な顔の表情とか身体動作とか陰鬱な態度などによって、すぐわかるということです。

言いかえれば、こうして絶望的仕草の人の絶望の度は、かえって低いということがわかる。このことからすぐに導かれますが、逆に絶望の度が高まれば高まるほど、かえって「外面性」は絶望的ではない印象になり、その絶望は「そと」からは推測されなくなる。「絶望が身を隠す外面」が「ますますどうでもいいもの（gleichgültig）となってゆく」とは、絶望的だとはすぐに判定できない普通のものになっていく、ということでしょう。

これもキルケゴールが自分自身を語っているのであって、彼は若いころ、絶望におしつぶされそうになりながら、陽気で軽薄なドン・ファンを演じ続けた。よって、このあたりはいつしか、告白的な語調になっていく。

いやむしろ、絶望が精神的となればなるほど、それだけ絶望そのものは、悪魔的な抜け目なさで、絶望を閉じ籠もりの状態に閉じ籠めておこうと、ますます心をくばるにいたり、したがって、ますます外面のことに無関心をよそおい、外面的なことをできるだけつまらない、どうでもよいことにしようと気を使うにいたるのである。（一三七頁）

内面を隠し通すことを、「悪魔的な抜け目なさ」と呼んでいることも示唆的です。「悪魔的」とは「対話27」で確認したように「善に対する不安」なのですから、彼は天真爛漫に悪を実行するというのではなく、——アダムのように——不安に怯えながら悪を実行する。しかも、その仕方で「抜け目なく」やり遂げるのです。

ですから、絶望が高まったこの段階の者は、「悪魔的に狂暴」ではあるのですが、大胆不敵というよりむしろ用心深く狡賢く、「ますます心をくばるにいたり、したがって、ますます外面のことに無関心をよそおい、外面的なものをできるだけつまらない、どうでもよいことにしようと気を使うにいたる」わけです。すなわち、やはり――アダムのように――神の目を恐れているのです。

迷信物語のなかで妖魔が誰にも見えない割れ目を通って姿を消してしまうように、絶望でも同じことで、絶望が精神的になればなるほど、その背後に絶望を探そうなどとは普通なら誰も思いつくことがないような外面のなかに住むことが、ますます重要になってくるのである。こうして隠れていることは、精神的なことにほかならず、いわば現実の背後に一つの閉じ込められた部屋を、人を閉め出して自分ひとりだけでいられる世界を、絶望した自己が自己自身であろうと欲することに休みなくタンタロスみたいにいそしんでいられるような一つの世界を、確保するための安全策の一つなのである。（一三七―一三八頁）

「迷信物語」は後ろの訳注〔桝田注（130）〕で出典がわかったとしても具体的内容はわからないのですが、まあ「妖魔」が巧みに身を隠す物語でしょう。「タンタロス」は、次の訳注〔桝田注（131）〕にあるように、神々によって永遠の責め苦を受ける身にある者のこと。ここで再確認しなければならないことは、この「反抗」という段階は、神への反抗であって、毅然としているようですが、じつはそうではなく、タンタロスのように、神からの罰を甘んじて受けるという態度にある、ということです。

対話27で引用した文章のなかに、「彼は自分の正しいことを証明することも自分自身に納得させることもできない」とありますが、実は、彼は神に反抗する自分が「正しくない」ことを明晰に知っている。しかも、その「正しくない」自分が仮設的自己であることも知っている。彼は、こういうこんがらがった状態で、具体的・仮設的自己にしがみつくのです。

キルケゴールは、この矛盾、この――カミュ的に言うと――「不条理」を語りたい。何の得にもならず、自分が苦しむだけなのに、そして苦しまなくていい解決策もよくわかっているのに、あくまでもタンタロスのように、このもっともきつい状態に留まろうとし、これを「確保するための安全策」に心血を注ぐ。

こうして、神への反抗に、もちろん――相手が神と知っているのですから――勝ち目はなく、ますます自分が苦しむだけであり、そもそも反抗しているのは、具体的自己・仮設的自己なのですから、滑稽なほど無意味であり、救われないこともたしかであり……得なことは何もないのですが、それでも止めない。

神への反抗に何らかの意味を、利点を、救いを、見いだそうとする下心を全部廃棄して、とにかく神に、「なぜ、この具体的自分を造ったのだ！」と叫び続けることしかできない。自分が――たとえ仮設的であろうと――、具体的属性をもって――「悪い血」のもとにセムシで――存在（実存）していることが納得できない、さらにいかなる理由をもち出しても納得しない、という反抗的態度をすでに決めている。しかも、そういう「けなげな」自分が滑稽きわまりないことも自覚している（イロニー）。

キルケゴールがわかるには、以上のことがすっと体感的にわかることが必要かと思います。

5　通俗的実存主義との差異

まさに第一篇の大詰めです。

わたしたちは絶望して自己自身であろうと欲しない、という絶望のもっとも低い形態から始めた（α1）。悪魔的な絶望は、絶望して自己自身であろうと欲する、という絶望のうちでもっともその度を強めた形態のものである。この絶望は、ストア派哲学者流に自分自身に惚れ込んだり、自己を神格化したりして、自己自身であろうと欲するのでもない。それは、むろん的はずれではあるが、しかしやはり或る意味では自己の完全性を目指して自己自身であろうとするストア的な絶望とは違う。

（一三八頁）

この部分の「ストア派」との対比は重要です。というのも、キルケゴールの実存主義を通俗的に理解すると、A、いかなる外的状況にも惑わされずに不動の自己をもって平静に生きる、というストア派のようなエリート主義か、その亜流としての、B、自分はいかなる点でも――世間の規準では――優れたものをもっていないが、まさにかけがえのない自分だから、それを大切にして生きる、となりましょう。

これ――とくにB――を、この書のキルケゴール自身の概念と引き比べれば、「悪い血」を受けて生まれ、セムシで絶えず不安に脅かされているこの「具体的自己」もかけがえのない自分なのだから、それを大切にして生きる、となる。でも、ここまでの解説で、これがキルケゴールの思想とは真逆だと言っていいことは、おわかりでしょう――これはむしろ正統的ルター派の思想に近い。「このすべてには納得できない！」とどこまでも神に反抗しているのが、キルケゴールなのですから。

そうではなくて、この絶望は、人世〔現存在〕を憎悪しつつ自己自身であろうと欲するのであり、自分の惨めさのままに自己自身であろうと欲するのである。この絶望は、反抗して、あるいは反抗的に、自己自身であろうと欲するのでもなく、反抗のために自己自身であろうと欲するのである。

（一三八頁）

まず、前にも言いましたが（本書二二五頁）、「人世」では何のことかわからないので「現存在」を付加しておきます。そのうえで、これがわかりましょうか？　常識では、「〔現存在〕を憎悪し」たら「自己自身であろうと欲」しないはずですね。「自分の惨めさのままに自己自身であろうと欲」しないはずです。単純に——それが不可能であっても——「自己自身でないように」欲するはずです。しかし、ここで書かれていることは、正確にこの逆なのです。このロジック〔イロニー、弁証法〕がわかれば、キルケゴールがわかったことになり、わからなければ、わからないことになる。

この場合、よくよく——とくにまじめ一徹に生きている読者に——注意しておきますと、「自己自身」を「永遠なもの」にすぐつなげて、「〔現存在〕を憎悪しつつ〔同時に永遠なものでもある〕自己自身であろうと欲する」、あるいは「自分の惨めさのままに〔同時に永遠なものでもある〕自己自身であろうと欲する」という方向にすぐに解釈しないことです。

正しい観点〔アンティ・クリマクス〕からではなく、この段階の者〔セーレン・キルケゴール〕の「独りよがりの・自分勝手な・ほとんど自己矛盾的な」反抗的態度の観点から、それにどこまでも寄り添って解釈する必要がある。そのことによって、彼は「反抗的に、自己自身であろうと欲するのでもなく、反抗のために自己自身であろうと欲する」という文章の意味もそのまま理解されます。つまり、「反抗」が自己目的のようになってしまっている。

このことから、対話27（本書二三〇頁）でも書きましたが　引き籠もりの青年が「解決」を怖れているように、彼の――一見不可思議な、しかし実はいたるところに見られる――反抗的態度の根っこが見えてくる。彼は、「永遠（神）が彼の悲惨を彼から奪い取ろうと思いつくかもしれないと考えて、暴れ狂う」。その理由は、それをパウロのように受け容れると、もはや神に反抗できなくなるからです。

　そして、この理不尽も彼は自覚している。しかし、彼はここに留まろうと欲する。なぜなら、神に反抗するこうした「現存在」こそが、自己自身だと確信しているから。これを除いて、自己自身はないと確信しているから。「彼はこの肉体の刺《とげ》（それが実際にそうであるにせよ、彼の情念が彼にそう思わせているにせよ）が、抜き取ることができないほど深く刺さっているものと固く信じているので、彼はそれをいわば永遠にわが身に引き受けようと欲する」（この書一三二―一三三頁）のです。

　次はこの続きですから、わかりやすいでしょう。

> それは自分の自己を、それを措定した力から反抗して引き離そうと欲するのでもない、それは反抗のためにその力に迫り、その力に挑戦し、悪意をもってその力にしがみついていようと欲するのである――いうまでもないことだが、悪意ある抗議というものは、なによりもまず、その抗議の向けられる相手をしっかりつかまえておくことに留意しなければならぬのである。（一三八頁）

　この段階では、神に対する「反抗」それ自体が主目的になっていますから、「反抗のためにその力に迫り、その力に挑戦し、悪意をもってその力にしがみついていようと欲する」のです。相手がいなくなると反抗できなくなる。まさに家庭内暴力を行使する引き籠もりの青年は、親が死んでも、病気になっても困る。「抗議を向けられる相手をしっかりつかまえておくことに留意しなければならぬ」のです。ここで、またキルケゴールは笑い転げたことでしょう。

6　全人世〔人間存在〕への抗議

このあとも、一見非常識に見えますが、これまでどおり、親に反抗する引き籠もり青年の言動に焦点を合わせれば、すらっとわかる。彼は、何より自分が「正しくない」ことを知っている。みなから責められるべきことを知っているのです。なお、ここにいたって「人世」を「現存在」と言いかえてもわかりやすくなった感じでもないので、これからの話の運びを見越して、「人間存在」と再度言いかえることにします。

この絶望は、全人世〔人間存在〕に対して反逆しながら、全人世〔人間存在〕に対する反証を、全人世〔人間存在〕の善意に反対する反証を、握っているつもりでいる。絶望者は自分自身がその反証であると思っており、かつ、彼はそうありたいと欲しているのである。それだから、彼は自己自身であろうと欲し、自分の苦悩をひっさげて全人世〔人間存在〕に抗議するために、苦悩に苦しむ自己自身であろうと欲するのである。

（一三八―一三九頁）

ここでは、「全人世〔人間存在〕に対して反逆」することが、すなわち「全人世〔人間存在〕の善意に反対する」ことである、というロジックになっている。彼の反抗は「悪魔的」なのですから、あらゆる「善」に反抗することだということはわかる。しかし、彼は「ほんとうの悪魔」（?）とは異なり、善を滅ぼし悪の帝国を築き上げようと欲するわけではない。むしろ、善と悪の秩序を認めたまま、自分の人間存在が善の「反証」であるという地位を固めて、あらゆる善人たちに非難されようと欲する。

そして、そのことによって「彼は自己自身であろうと欲し」、すなわち「自分の苦悩をひっさげて全人世〔人間存在〕に抗議するために、苦悩に苦しむ自己自身であろうと欲する」のです。このあたりにきますと、引き籠もりの青年とのアナロジーが効かなくなってくるほどの高まりを示しています。多くの読者には、これほど自分を痛めつける彼の動機が、もはやわからなくなるでしょう。「わからない」のは、――私を含めた――われわれ現代日本人には、「神に反抗する」ことのとてつもない労力、しかも徹底的に虚しい労力が体感的にわからないからだと思います。

これもいいでしょうか？　キルケゴールにとって神の存在は疑いえないのですが、自分が救われるかどうかは確実なわけではない。それなら、救われそうな言動をすればいいのに、彼はあえてこれと反対のことをする。そして彼は、救われなければ、永遠の無――肉体の死ではない、魂の死――が待っていることも知っている。それでも彼は、神に迎合せずに反抗する。このあたりに、彼の実存主義の核心が隠されています。

「八―1　ギレライエ」（本書一八七―一八八頁）で触れたのですが、彼は自殺ぎりぎりまで追い詰められて、ギレライエに旅し、そこで救われた。それは「主観性が真理である」ということを自覚したからです。その後の彼の人生は、ヘーゲル学派一色であったデンマーク国教会との戦いであり、しかも痛々しい敗北でした。こうした文脈に置いてみると、キルケゴールは社会的意味での宗教改革はできなかったけれど、真の新しいキリスト者をみずから創設するというかたちで、みずからに則して宗教改革を成功させた、とも言えましょう。

すなわち、真理は教会（牧師）のなかにあるのではなく、自己自身の内面（「自己自身における永遠なもの」）にあるのです。こうなると、もう本来的自己と具体的自己との境界も取り払われる。真理は、自分が真剣に誠実に思索し感じていることの「うち」にある。「自分の十字架」にどうしても納得できない、このことをゴマカシなく徹底的に掘り下げることの「うち」にある。その結果、自分は救われないかもしれない。しかし、それでも救済より、こうした内面的真実のほうを選ぶこと、これが「主観性が真理である」という言葉の意味であり、それが彼を救ったのだと思います。また、こうした考えが、その後ハイデガー、サルトル、カフカなどの実存主義者にも強烈な影響を与え、「実存」という「本来的な生き方」のモデルになったのでした。

弱さの絶望者は、永遠が自分にとってどのような慰めをもっているかについて、まるで耳をかそうとしないが、このような絶望者も、それに耳をかたむけようとしない。しかしその理由は違っている。後者は全人世〔人間存在〕に対する抗議なのであるから、そのような慰めは、まさに彼の破滅となるだろうからなのである。

（一三九頁）

この文章も、以上の解説によってわかるのではないでしょうか？　彼は、「永遠が自分にとってどのような慰めをもっているか……それに耳をかたむけようとしない」のです。自分が救われるか否か、それは、自分が真に思索し感じていることに比べれば、どうでもいいこと。救われるという方向への「慰め」は、さしあたり要らないのです。「慰め」を第一に求めることそのことが、ここまで鍛え上げてきた彼の確信を揺るがせ、「彼の破滅になる」かもしれないのですから。

こうした彼の態度は、神に対する反抗であるとともに「全人間存在に対する抗議」でもあって、むしろ、人々——その中心には正統的ルター派のキリスト者たちがいる——から善の「反証」として告発されることを望んでいる。そして、それだけの自信の背景はある。彼は若いころ、「大地震」と彼が呼ぶ、神との衝撃的出会いを体験している。よって、「神に対する反抗」とは、単なる著作上の想定ではなく、彼が実際出会った神に向けて書いているのです。その結果、神が彼に永遠の無を命じたとしても、潔く受け容れるしかない。こうした態度によって、キルケゴールは、神に対して救済や慰めをまったく期待しない信仰こそ、真の信仰である、というパラドクシカルな道を開いているように思われます。

7　書きそこない?

さて、第一篇の最後の最後にいたりました。

比喩的に言えば、それは或る著作家がうっかり書きそこないをし、その書きそこないが自分を書きそこないとして意識するにいたった場合のようなものである——けれども、実をいえば、それはおそらく誤りなのではなくて、はるかに高い意味では、全体の叙述の本質的な一部をなすものであったかもしれないのである——そこで、この書きそこないは、著者に反逆を企て、著者に対する憎しみから訂正をこばみ、狂気のような反抗をしながら著者に向かってこう言うようなものである、いや、おれは消してもらいたくない、おれはおまえを反証する証人として、おまえが平凡な作家であるということの証人として、ここに立っていたいのだ、と。（一三九頁）

なかなか、おもしろい終わり方でしょう。ここを対話のための課題にしましょう。先に私がつたない筆で懸命に（?）説明したことが、ここにこれ以上ないほどのイロニーを含んでさらっと書かれています。「或る著作家」や「平凡な作家」とはもちろん「神」のことです。「いや、おれは消してもらいたくない……」という箇所がわかれば、キルケゴールの伝えたいことの中核がわかったのですが、内容というよりむしろ、この軽妙な文体を賞味することに挑戦してもらいたいと思います。

まさに「神の全能」と「書き損ない」とのぶつかり合いを通じて、その「超まじめなヤクザ性（諧謔趣味）」とでも言えるものが、剝き出しになった箇所であり、これをどこまで体感に基づいて言語化できるかが鍵です。

対話 30

30－1　「否定の否定」を読み取ること

まず、こういう箇所を読解するとき、「普通の（敬虔な）クリスチャン」ならどうなのだろう、とまず考えてみること。「普通の（敬虔な）クリスチャン」の思想（態度）が、多くの現代日本人に欠けていますので、キルケゴールの言説は、それを否定していることがわからない。ただし彼によれば、それが本来のキリスト教であって、相手が否定であって、自分はそれを否定しているのですから、「否定の否定」であって、高い意味での「肯定」となる。これはヘーゲルの弁証法に淵源し、それをキルケゴールは独特の弁証法（イロニー）に転化させた。こうした基本構造がなかなか読み取れないのではないか、と思います。何度も言いますが、キルケゴールの敵は「ヘーゲル学派にこり固まったデンマーク国教会」（だけ）なのです。

　ちょっと思想史的まとめで恐縮なのですが、両者の最大の違いは、ヘーゲルの普遍主義（絶対精神主義）に対して、キルケゴールの個体主義（実存主義）です。ヘーゲルによると、さまざまな犠牲（否定的なもの）のもとに世界史はジグザグと進展してきたのであり、個々のマイナスに見えるものも、全体の視点から見れば、みな「善きこと」なのです。こうして、苛烈をきわめたキリスト教徒の迫害も「善きこと」であり、凄まじい宗教裁判も「善きこと」であり、らい病患者も身体障害者も精神障害者も「神の栄光」をそれぞれの仕方で表わす「善きこと」。これが基本思想であり、これを腹の底から知ったうえでキルケゴールは、神に「反抗」しているのです。

　大方の現代日本人にとって、反抗の段階にいたったA（キルケゴール）は、セムシであることを神に訴えて、「どういうことだ！」と反抗しているだけに見えますが、この反抗には「自分がセムシであることには何らかの神の意図があるはずだ」という大原則が介在している。それがどうしても自分には見えないので、「どういうことだ！」と神に迫っている、というわけです。

　ここまで背景を固めたうえで、「普通の（敬虔な）クリスチャン」の態度を反省してみると、大まかに分けて三つあるように思います。まず第一に、このような肉体的なことにこだわるのはやめて、どこまでも魂の救済を求めるという態度。そして、第二は、神は全能だから、奇跡を起こしてこれを治してくれと懇願する態度。教会ではよく、「神には不可能なことはない」というお説教がされ、多くのクリスチャンは祈りによっていかなる難病も癒ると信じています。

そして、第三は――これが一番、現実的かもしれない――、まさにパウロのように、自分の肉体の棘には何らかの神の意図が隠されているはずなので、これを甘受しようというもの、いや、さらにこれに「感謝する」というもの。これって、クリスチャンの態度としてはわりにあるもので、長崎で大浦天主堂に原爆が投下されたとき、多くのクリスチャンは、他にではなくて「ここ」に投下されたことを神に「感謝した」のでした――なぜなら、「われわれ」は信仰の力でこれに堪えることができるから。

クリスチャンでなくとも、障害児をもった親が、よく「この子のために豊かな人生を体験できて感謝する」と語り、苛酷な体験を潜り抜けた人が、よく「この体験が私を鍛え上げてくれた」と言いますね。教会のお説教のようで恐縮ですが、「神は耐えられない試練を与えない」とか、「神は愛する者をことさら試練にかける」などと言われ、キリスト教には、ある人が試練を受けたとき、それは「神から愛されている証拠だ」という思想があります。

実は、私も五〇年前、どうしたのかと思うほど何をしても駄目で、引き籠もり、自殺未遂さえしたときに、クリスチャンの姉が「あなたは神から愛されているのよ」と真顔で語りかけてくれましたが、「なにを！」と反抗したものです。閑話休題。

30―2 「神の失敗作」という意味

反抗の段階のA（キルケゴール）は神に向かって「癒すな！」と叫ぶ、そして、「おまえの失敗作だと認めろ！」と追い討ちをかける。こうした態度の前提として、Aは神が自分を「癒す」

能力をもっているのを信じていることを挿入しなければ、この反抗の真の意味はわからないでしょう。天地創造を終えた神は、自分が創造したものは「すべて善い」と言ったのですから、「父親が神を呪ったこと」も、「両親が教会で祝福されずに結婚したこと」も、その結果としての「悪い血」もセムシも「善い」はず、決して失敗作ではないはずです。A（キルケゴール）はこのことをすべて知ったうえで、「俺は消してもらいたくない、俺はおまえを反証する証人として、おまえが平凡な作家であるということの証人として、ここに立っていたいのだ」と叫ぶ。

これを解釈するのに、――前にも触れましたが――『(旧約）聖書』「ヨブ記」のヨブの態度が参考になるでしょう。神は悪魔との契約によって、ヨブの信仰心を試すために、何不自由なかったヨブから、財産も家族も奪い取り、そのうえ身体中のできもので苦しめ、のた打ち回らせる。そうすれば、敬虔なヨブも神を呪うだろう、というのが悪魔の予測です。

そういうヨブを見て、知人たちは「何か悪いことをした心当たりはないか？」「何かこんな目に遭わなくてはならないわけを思いつかないか？」とヨブを問い詰める。しかし、ヨブはそれには耳をかさず、「私は神と話そう！」と叫ぶ。

つまり、ヨブは何もかもわからなくなり、しかし信仰を捨てず、どこまでも神に「なぜですか？」と訊ねるのです。子供が殺されたり、虐待されたり、誘拐（拉致）されたりするニュースを見聞するたびに、私はそういう目に遭った親はただひたすら「なぜですか？」と――神に対してではないにせよ――死ぬまで問うに違いないと思っています。

A（キルケゴール）も同じと見ていいでしょう。神が、試練のために自分の肉体に棘を刺したことは、そうかもしれない――いや、そうなのであろう。しかし実際、この肉体の棘は痛くてたまらない。そして、どう考えても、この自分がそれを受けねばならない理由がわからない。Aは神に向かって、その理由を問い質したい。その場合、神が「失敗作」であることを認めるはずがないことも知っている。何か「善いもの」であるはずであることも知っている。それを知りたい。それを知るには、神が奇跡によって癒してはならない。こうして、Aは神に真正面から挑戦しているのです。これは、まさに神を信じていることの裏返しでしょう。

30―3 「愛する者」は自分が正しくないことを望む

この弁証法的構造を知るには、『あれかこれか』における、「愛する者への態度」も参考になるかもしれません。もし、A（キルケゴール）がB（レギーネ）を心から愛しているのなら、相手が正しく自分が正しくないことを望み、すみずみまで自分の間違いを探索し、その結果、自分が正しくないこと、相手が正しいことがわかったら喜ぶに違いない、とキルケゴールは言う。これって、普通と真逆ですね。

キルケゴールの場合、神に対する愛と恋愛とを重ね合わせるところがある――だから、彼はレギーネにあれほどこだわるのです。しかし相手は神なのですから、いつも正しいはずであり、わずかにであっても間違っているはずがない――失敗作を創るはずがない。間違っているように思われるのは、自分の間違いであることははっきりしている。

そう思えたら、どんなに幸せであろう。しかし、問うても問うてもわからないのだ。こうして、A（キルケゴール）は自分が失敗作のはずがないと確信しているからこそ、安心してぐいぐい神を問い詰められるのです。神が、「平凡な作家（むしろ『へぼ作家』）」のわけがないと確信しているからこそ、安心してそう非難できるのです。

　これがキルケゴールのイロニーです。何度も出して恐縮ですが、ほんとうは自分にそう言う資格がないことを重々知っていながら、「俺をなぜ生んだ！」「俺をなぜこんなダメ男に育てた！」と親に向かって叫んでいる引き籠もりの青年にとても似ています。彼は、自分の言っていることの理不尽さもよく承知している。だけど、親だけにはせめて自分の苦しみをわかってもらいたい、という甘えが体内にずっしり溜まっているのです。

　Ａ（キルケゴール）にも、同じような――とはいえずっと自己反省的な――神に対する甘えを感じませんか？　意気揚々と神を手玉に取っているふうでありながら、自分の強がりと愚かさに苛立っている、そして神を無性に恐れている、耳を澄ませば（？）こんな心持ちを言葉の端々から聴き取ることができるでしょう。

あとがき

「てってい的にキルケーゴール」の「その二」をおおくりします。（自分で言うのもへんですが）「その一」より論述に熱が籠もっているし、分析も緻密になっています。というのも、二〇歳で哲学に迷い込み三七歳で大学助手という職を得るまでの一七年に及ぶ「惑いの年」、私はまさにキルケゴールの語る「絶望」を「わがごと」としてとらえていたからでしょう。その後、四〇年にわたって「哲学」にしがみついてきましたが、どう考えても、そのときほど哲学と真剣に向き合っていたことはなかった。その後の私の乏しい哲学的思索は、すべてこの「惑いの年」に養われ培われたものです。いま「絶望」していると自覚している少なからぬ（とくに若い）人々に、本書が何らかのメッセージを送ることができれば、これにまさる喜びはありません。

二〇二二年一二月二〇日

四三年前にウィーンで迎えたはじめてのクリスマスを思い出しながら……

中島義道

中島義道

1946年生まれ．東京大学法学部卒．同大学院人文科学研究科修士課程修了．ウィーン大学基礎総合学部修了（哲学博士）．電気通信大学教授を経て，現在は哲学塾主宰．

著書に，『カントの時間構成の理論』（理想社．のち改題『カントの時間論』講談社学術文庫），『時間を哲学する――過去はどこへ行ったのか』（講談社現代新書），『哲学の教科書』（講談社学術文庫），『モラリストとしてのカント１』（北樹出版．のち改題『カントの人間学』講談社現代新書），『時間論』（ちくま学芸文庫），『「私」の秘密――私はなぜ〈いま・ここ〉にいないのか』（講談社学術文庫），『カントの自我論』（日本評論社．のち岩波現代文庫），『悪について』（岩波新書），『後悔と自責の哲学』（河出文庫），『「死」を哲学する』（岩波書店），『差別感情の哲学』（講談社学術文庫），『悪への自由――カント倫理学の深層文法』（勁草書房．のち改題『カントの「悪」論』講談社学術文庫），『哲学塾授業――難解書物の読み解き方』（講談社．のち改題『哲学塾の風景――哲学書を読み解く』講談社学術文庫），『ニーチェ――ニヒリズムを生きる』（河出ブックス．のち改題『過酷なるニーチェ』河出文庫），『生き生きした過去――大森荘蔵の時間論，その批判的解説』（河出書房新社），『不在の哲学』（ちくま学芸文庫），『時間と死――不在と無のあいだで』（ぷねうま舎），『明るく死ぬための哲学』（文藝春秋），『死の練習――シニアのための哲学入門』（ワニブックスPLUS 新書），『晩年のカント』（講談社現代新書），『てってい的にキルケゴール その一』（ぷねうま舎）など．

てってい的にキルケゴール　その二

私が私であることの深淵に

2023年２月24日　第１刷発行

著　者　中島義道《なかじまよしみち》

発行者　中川和夫

発行所　株式会社 ぷねうま舎

〒162-0805　東京都新宿区矢来町122　第二矢来ビル3F

電話 03-5228-5842　　ファックス 03-5228-5843

http://www.pneumasha.com

印刷・製本　中央精版印刷株式会社

ISBN 978-4-910154-41-1　　Printed in Japan